本書爲二〇一七—二〇一九年中國文化遺產研究院科研課題「院藏清陳介祺金石學資料整理研究」（課題編號2017-JBKY-13）成果之一

古文字與中華文明傳承發展工程

本書得到國家「古文字與中華文明傳承發展工程」支持

商周兵器

赫俊紅 主編

中華書局

国家出版基金项目
NATIONAL PUBLICATION FOUNDATION

圖書在版編目（CIP）數據

陳介祺拓本集．商周兵器 / 赫俊紅主編．－北京：中華書局，2024.12
（陳介祺手稿拓本合集）
ISBN 978-7-101-16518-0

Ⅰ．陳…　Ⅱ．赫…　Ⅲ．兵器（考古）－中國－商周時代－圖集　Ⅳ．K87

中國國家版本館 CIP 數據核字 (2023) 第 250006 號

書　　名	陳介祺拓本集・商周兵器
叢 書 名	陳介祺手稿拓本合集
主　　編	赫俊紅
責任編輯	許旭虹　吴麒麟
裝幀設計	許麗娟
責任印製	陳麗娜
出版發行	中華書局
	（北京市豐臺區太平橋西里38號 100073）
	http: // www. zhbc. com. cn
	E-mail: zhbc@zhbc. com. cn
印　　刷	北京雅昌藝術印刷有限公司
版　　次	2024年12月北京第1版
	2024年12月北京第1次印刷
規　　格	開本889 × 1194毫米　1/8
	印張21½
國際書號	ISBN 978-7-101-16518-0
定　　價	480.00元

緒言　清代陳介祺的金石鑒藏與傳拓

陳介祺（一八一三—一八八四，字壽卿，號簠齋）二十歲左右開啓了他的金石人生，五十餘載傾心致力於金石古器的鑒藏考釋和傳拓賡續，其成就可謂傳統金石學發展歷程上的一座豐碑。

簠齋在清咸豐四年（一八五四）引退歸里山東濰縣之前，所收藏的吉金、古璽印及金文拓本已初具規模，其中吉金一百三十餘器，包括西周毛公鼎（圖一）、天亡毀（圖二）等重器，古璽印二千餘方，金文拓本七百餘種。他以拜見、過訪、書函等方式與當時諸多金石前輩或同好，如阮元、張廷濟、徐同柏、劉喜海、吴式芬、李璋煜、許瀚、翁大年、何紹基、吕佺孫、吴雲、陳畯、釋達受等，在收藏、鑒考和傳拓方面均有不同程度的交流和切磋。

簠齋歸里後至光緒十年（一八八四）去世的三十年間，從其治金石的成就來看，可分爲早中晚三個時段。早期爲咸豐五年至十一年（一八五五—一八六一）的六七年間，簠齋暫居鄉野，因時局動蕩，家室未安，治金石雖偶有收穫，但比較有限。中期即同治元年至十年（一八六二—一八七一），簠齋遷居城内，新建宅第，儘管時局不穩，家事多艱，地處僻壤交游不便，但在金石的鑒藏、研究和承續上已逐漸形成獨特的傳古理念。晚期爲同治十一年至光緒十年（一八七二—一八八四）的十多年間，簠齋在同治十年連遭喪妻失子之悲後，更傾心於金石之業，無論是在收藏品類的廣度和深度上，還是在金文考釋著述、金石製拓技藝的传承創新上，皆成就顯著，後人難以望其項背。同時，他與仕宦吴雲、潘祖蔭、吴大澂、鮑康、王懿榮等金石同好頻頻通函，交流探討治金石文字之學的心得和經驗，並不遺餘力地藉助傳拓來踐行金石文化的推廣和傳承。

一、簠齋的金石鑒藏及傳古觀

清代中晚期，金石鑒藏已成爲書畫收藏之外的重要門類。簠齋喜古書畫，更嗜金石古器及拓本，同治十二年七月廿九日致吴雲札云：「書畫之愛，今不如昔。以金文拓本爲最切，其味爲最深厚，石鼓秦刻漢隸古拓次之。」[一] 他一生收藏的金石器在品類及數量上是個動態的過程，當經歷了咸豐同治年間的社會動蕩，感到幾十年來的積藏命運叵測時，他決意用傳拓的方式將私藏與海内同好共享，遂經年不斷費盡心力地延聘工友拓製所藏金石璽印以贈友好或售直助拓以傳古[二]。簠齋將所製拓本用毛頭紙包裝起來，隨手將考釋及各事題於包裝紙上[三]。據曾負責保管簠齋拓本箱及手稿的陳繼揆（一九二一—二〇〇八）先生統計，「僅舉其有銘文者，商周銅器二百四十八件，秦漢銅器九十七件，石刻一百一十九件，磚三百二十六件，瓦當九百二十三件，銅鏡二百件，璽印七千餘方，封泥五百四十八方，陶文五千片，泉鏡鏃各式範一千件，銅造像無目不計」[四]。簠齋得器的主要途徑有購自市肆、得自舊藏家、親友饋贈、與藏友交换、托古董商或友人代爲尋購等。簠齋在歸里濰縣之前，多着力於古璽印及吉金彝器等鐘鼎重器的收藏，歸里後受限於經濟及地理因素，更多地關注齊魯地區出土的秦漢磚瓦石刻等，尤其是最早敏鋭地發現、收藏及研究古陶文。簠齋對藏品的尋覓選擇，無不體現其求真尚精、重文字、傳文脈的傳古思想和觀念。

（一）求真與尚精

簠齋的求真與尚精觀，貫穿於他對器物的鑒藏以及對器形和文字等信息的複製和保存中。他認爲「傳古首在别僞，次即貴精拓、精摹、精刻，以存其真」。也就是説，簠齋既重視器物本體的真實性，又重視器物文化信息在存留傳承過程中的真實性。前者要靠較高的學識和認知來去僞汰疑，後者要靠精微的工藝來實現。

就簠齋的藏器而言，在得自劉喜海舊藏的二十多件吉金中，他認爲益公鐘「疑陝僞」（圖三）、雙耳壺「字僞」（圖四）[五]。簠齋與潘祖蔭等同好在通函中提及所藏的「十鐘」、「十一鐘」並不包括益公鐘[六]。對於他人所藏僞器或不真之器，簠齋也不諱言。同治十二年七月，他在得閲潘祖蔭《攀古樓彝器款識》和吴雲《兩罍軒彝器圖釋》刊本後，直言不諱地力勸二人要淘汰僞器和可疑之器，「以欲存古人之真」[七]，以免誤導後人。

[一]（清）陳介祺著、陳繼揆整理：《秦前文字之語》，齊魯書社，一九九一年，第二三九頁。
[二]（清）陳介祺《傳古小啓》（初稿），（清）陳介祺著、赫俊紅整理：《陳介祺手稿集》第四册，中華書局，二〇二三年，第九三二頁。
[三]（清）陳介祺著、陳繼揆整理：《簠齋金文題識》序，文物出版社，二〇〇五年。
[四]《秦前文字之語》前言，第三頁。
[五] 中國文化遺産研究院藏五册精裝本《簠齋藏吉金拓片》（登録號00995）中益公鐘、雙耳壺拓本的背面題字。
[六] 赫俊紅：《陳介祺藏鐘及對潘祖蔭邰鐘的考釋》，載《文物天地》二〇二二年第一期。
[七] 簠齋同治十三年二月十三日致鮑康札，《秦前文字之語》，第一八六頁。

圖一　西周毛公鼎全形拓初拓本（陳進藏）

圖一一 西周天亡簋全形拓

圖三　簠齋疑僞器益公鐘全形拓及背面題字

圖四　簠齋疑僞器雙耳壺全形拓及背面題字

他的這種汰僞去疑的存真觀，在致潘祖蔭、王懿榮、吴雲的信札中多有體現，同治十三年八月廿一日致潘祖蔭札中更是直言：「愚者之實事求是，良可哂也。其望當代之大收藏家專傳所得至可信之品，而不敢言可汰者，則其誠亦可憫矣。」[一]

簠齋對於藏器不僅求真，還力求「精」和「古」，即重視藏器的時代性和代表性。他認爲「多不如真，真不如精，古而精足矣，奚以多爲。得可存者十，不如得精者一」[二]。故鮑康（一八一〇—一八八一）評曰：「壽卿所藏古器無一不精，且多允推當代第一。」[三]簠齋求真尚精觀在傳拓方面的體現，將在下文述及。

（二）重文字與傳文脈

簠齋治金石的最大特點是重視文字，一是重文的義理，二是重字的本身。簠齋各品類的收藏皆因文字而起意，尤其好三代吉金文字，他在囑托西安古董商蘇億年代爲覓器時寫道：「以字爲主，式樣次之，顔色花文又次之。只好顔色而字遜者亦甚不必争。天地間惟以字爲重，字以古爲重。時代愈晚愈輕。印自不如古器，而費又多。雖費多而不能敵一重器，私印尤不敵官印。余收古物以印之費爲多，而愛之則不如三代器，愈老愈愛三代古文字拓本也。……如有再出字多之器，千萬不可失之。切屬切屬！千萬千萬！」[四]簠齋對商周秦漢歷代金文的信息特點有中肯的歸納：「金文以三代文字爲重，秦無文字，漢器之銘無文章，記年月、尺寸、斤兩、地名、器名、官名、工名而已，後世則並此而無之矣。」[五]

三代金文之所以重要，是因爲簠齋認識到商周金文是秦燔之前的「古文字真面」，是探究先秦社會歷史的原真性資料。秦代是中國社會歷史遞變的一個重要節點，秦燔加劇了後世與周文化之間的斷裂，「秦以前是一天地，同此世界，而與後迥不同」。而久埋地下被不斷發現的吉金銘文，刷新着有識之士對古史的認知。簠齋認爲「三代器之字，皆聖人所製。其文亦秉聖人之法，循聖人之理。亦有聖人之言，特不過是古人之一事耳」[六]。相較於漢儒整理輯存的先秦文獻，有些吉金重器的銘文甚至可稱爲「真古文尚書者」。正是這種對商周金文原真性史料價值的清晰認識，促使他數十年不間斷地對自藏周毛公鼎、天亡毁和戰國區鍒，潘祖蔭藏盂鼎、郘鐘、尨姞毁，以及吴雲藏齊侯罍等重器銘文進行研究和考釋，目的是欲求古人之理，明古人之心。他在同治十年毛公鼎銘考釋之初創稿的題記中寫道：「明聖人之理，然後可以知聖人之心。知聖人之心，然後可以論聖人之事。」[七]

金石文字還是簠齋鑒定古器真僞的核心要素。他認爲「古器字既著録傳後，必先嚴辨真僞，不可説贋」，還提出了鑒别真僞的要訣，一方面是從解讀字詞和篇章的角度，不僅要重釋字訓詁，更要重篇章結構，要能貫通古人之文理文法，即「以文定之」；另一方面是從解析文字書寫的角度，要精熟古人之行字用筆，即「以字定之」[八]。他在致潘祖蔭等人的信札中也多有類似言論：「收古器則必當講求古人作篆用筆之法，知之然後可以判真贋。」「論文字以握論器之要。」「近日作僞至工，須以作字之原與筆力别之，奇而無理，工而無力，則其僞必矣。」「識得古人筆法，自不至爲僞刻所給，潛心篤好，以真者審之，久能自别。」

簠齋重視文字還體現在對金文新舊拓本不遺餘力的搜集上。歸里前，他將所藏三代器文拓本七百餘種裝幀成册，後來鼓動各大藏家彙集所藏金文拓本編纂字學辭典《説文統編》，以校訂和補充漢代許慎的《説文解字》。同治十一年十月十四日簠齋致鮑康札云：「今人論書，必推許氏，然許書已非真本，豈能如鐘鼎爲古文字廬山真面。當以今世所傳金文千餘種，合古書帖，編增許書。鐘鼎之外，惟古刀幣及三代古印耳，是當並補許書中。豈可不精摹而使再少失真，日後又無從仿佛邪。好古家刻書，每患己見之陋而沮，愚謂刻摹精審，則天下後世，皆得借吾刻以考證，又何必因噎而使錯過失時。惜乎，燕翁不明此理，而徒以玩物畢一生之精力而一無所傳也。」[九]

劉喜海（一七九三—一八五二，號燕庭）富藏金石，簠齋所藏鐘鼎、秦量詔銅版等重要器物皆得自劉氏舊藏，他對劉氏所藏未能廣佈傳播並惠及後世深感惋惜，並引以爲戒。簠齋在刻成於同治十二年的《傳古小啓》中，很明確地表達了將私藏金石文字以傳拓的方式化爲公器的傳古觀念。他寫道：「天地古今所傳文字耳。大而精者義理，小而粗者文字，無文字則義理亦不著矣。余收金石古文字四十年餘，歸里來以玩物例屏之。同治丁卯，青齊息警後，自念半生之力既縻於此，三代古文字猶是漆簡真面目，非玩物比也。時代限之，以次而降。今不如古，不能相强。雖一藝，古文字亦可珍也。檢視所藏，尚少贋字。拓傳，公諸海内。」[十]

二、簠齋的金石傳拓及拓工

（一）精拓多傳

簠齋鑒藏金石的最終目的，是要憑藉文字來揭示古人之義理，傳承接續先賢之文脈。此外，他傳承文脈的另一重要方式是以傳拓來存續文字信息，尤其是在經歷動盪亂世之後，他深感古器存世無常，傳拓之

[一]《秦前文字之語》，第三三頁。
[二]簠齋同治十二年七月十日致潘祖蔭札之附箋，見《秦前文字之語》，第四頁。
[三]（清）鮑康：《續叢稿》第三七頁，「再題壽卿瓦當拓册」一則，載《觀古閣叢刻》，清同治光緒間刻本。
[四]羅宏才：《新發現的兩通陳介祺書信》，載《文物》一九九五年第一期。
[五]簠齋同治十二年八月（廿九日）致潘祖蔭札之附箋，《秦前文字之語》，第九頁。
[六]《金文宜裝册》，《陳介祺手稿集》第四册，第九七四頁。
[七]《周毛公厝鼎銘釋文》（初創稿），《陳介祺手稿集》第一册，第三七頁。
[八]《古器説》，《陳介祺手稿集》第四册，第九七六頁。
[九]《秦前文字之語》，第一四五至一四六頁。燕翁，指劉喜海。
[十]《傳古小啓》，《陳介祺手稿集》第四册，第九三二、九三八頁。

志更加堅定和迫切，不惜傾盡心力，延聘和培養拓工，將積藏半生的金石以傳拓方式來記録和保存古器之真形、古文字之真面，甚至不恥以售拓的方式來籌資助拓，從而更廣泛地傳播和光大了金石文化。

在藏器、製拓與傳古的關係上，簠齋認爲要「精拓多傳」，「使今日後日知之，勿以拓之不易而靳之也」[一]。若有藏器而不拓傳則若無器，「不拓則有若無，拓傳而古人傳，則藏者能以古文字公海内矣」[二]。

在製拓工藝上，他亦講求「真」與「精」。就金石文字而言，真與精體現在剔字時對字之邊際的明辨，以及拓字時對拓包、墨、紙、水之間濃淡乾濕及手法的掌控上[三]。就吉金全形拓而言，體現真與精的關鍵之處，一是器形的整體真實感，二是分紙局部拓出再綴合，三是精細與傳神。簠齋的吉金全形拓圖像具有真實、端莊、古雅和滄桑的特點，體現了他對吉金彝器功能及性質的理解，實現了全形圖像製拓工藝上的傳承和創新。

具體而言，當時製作器物拓本大致有兩種樣式，一是釋達受（字六舟）的整拓法，一是陳克明（字南叔）和陳畯（字粟園）的分紙綴合拓[四]。簠齋居京時，與達受、陳畯皆有往來交流，熟知其不同拓法，認爲前者「完紙成之，尤極精能，雖有巧者不能出其心思已」，「似巧而俗，不入大雅之賞」[五]；後者「從器上拓出而形象曲合」，且「遍觀所拓，古雅静穆，真不啻在三代几席間也」[六]。

簠齋的全形拓延承了陳畯的分拓綴合法，並探索利用洋照的優勢於拓圖之中。他在同治十一年（一八七二）九月至光緒元年（一八七五）七月間致吴雲、王懿榮、吴大澂、潘祖蔭的信札中，多次提及對傳入中國的西洋照相術成像特點的理解和審美，積極倡導利用洋照來拍攝古器、書畫碑帖，以保存和傳承中國之藝文。他認爲洋照拍攝出的古器圖，形象逼真，但其景深前大後小（或近大遠小），有失器之神態，且花紋不清晰，故作器圖時要不拘洋照，中西結合，即取洋照之形式，並據器之曲折處審校，修補必須表現而照圖中没有之處，再結合墨拓花紋等局部進行綴合[七]。同治十三年（一八七四）十二月二日、光緒元年（一八七五）正月二十日，簠齋致潘祖蔭的兩札中，建議潘氏用洋照與墨拓相結合的方法作盂鼎圖。

縱觀簠齋吉金全形拓圖，其視覺真實性的達成，一方面在構思上，是將器物在多視點平視下的正投影與俯視下的前後陰陽及比例關係相融合；在工序上，先依器之耳、足、口沿、腹身等不同部位用極薄細軟的紙分别拓出，再將其按擬定的視覺關係綴合黏貼在作爲襯紙的宣紙上。另一方面，拓墨的濃淡相間施用，精微地凸顯出器之口沿、耳、足、提梁、腹部扉棱、花紋等的立體質感，結合器内外素面處的淡墨平拓，間以斑駁印迹，使得青銅彝器的立體、厚重感躍然紙上，並在呈現視覺真實性的同時，透出一種古雅的文人化的審美氣息。

約在同治十三年，簠齋將平日所知所得以及既可保護好古器又能製出精拓的要訣寫成《傳古别録》，由潘祖蔭代爲刊佈。吴大澂（一八三五—一九〇二）盛贊簠齋道：「三代彝器之富，鑒别之精，無過長者。拓本之工，亦從古所未有。」「然非好之真，不知拓之貴，亦不知精拓之難。」簠齋這種記録和呈現吉金古器的傳拓方法，突破了北宋《宣和博古圖》和清乾隆朝《西清古鑒》[八]中僅靠摹繪古器輪廓形象和紋飾的製圖局限，達到了真實性與藝術表現性的統一。

簠齋藏器及拓本的品類和數量，在不同時段會有差異。同治十一二年間簠齋在《傳古小啓》中開列了當時可售直的拓本清單：鐘拓十種，三十字以上彝器及秦器拓共約四十種，三代彝器拓大小殘缺約一百五十種，三代秦漢六朝古銅器小品及銅造像拓本約百種内，古刀布及泉拓最瑣屑而未列數量，泉範拓百餘種，漢鏡拓百餘種，秦漢瓦當及瓦字拓百種内，漢魏六朝磚拓百餘種，六朝唐宋元石拓約百種内，《十鐘山房印舉》六函（後改爲八十册八函）。此外，簠齋在致友人信札並寄贈拓本時，也偶有提及某類拓本全份的數量。目前在陳進先生處可得見陳氏家藏拓本目録，其中《十鐘山房藏古目》列有商周、秦漢銘文銅器三百四十五種，《鏡拓全目》有銅鏡二百種，《瓦拓全目》有瓦拓九百二十四種，《專拓全目》列秦漢、南北朝古磚三百二十三種，《十鐘山房藏石目》有東漢至宋金刻石及造像一百一十八種。

（二）簠齋的拓工

簠齋最早的傳拓助手是陳畯（字粟園，海鹽人）。簠齋居京期間與陳畯交往，較早的交往記録見簠齋道光二十一年（一八四一）所作的《虢季子白盤釋記》，其中提及劉喜海囑其友粟園手拓盤銘以其一贈簠齋，陳畯六月到京，兩人「相從論古以永日」。咸豐元年（一八五一）前後，簠齋請粟園移榻家中，助拓《簠齋印集》十部[九]。簠齋認爲粟園性情「静專」[十]，拓工至精，很欣賞其全形製拓中能保留古器之真的做法，

[一] 簠齋同治十三年六月十三日致吴雲札，見《秦前文字之語》，第二五四頁。

[二]《古器説》，《陳介祺手稿集》第四册，第九七九頁。

[三] 見《傳古别録》中「剔字之弊」、「拓字之法」的有關闡述，《陳介祺手稿集》第四册，第九八八至一〇〇四頁。

[四] 簠齋同治十二年十月十三日致吴雲札云：「圖乃六舟作法，不及陳南叔竹林作圖以尺寸爲主，須以細銅絲或竹筋密排於版中，使損抵於器之中，則大小可得其真，曲折悉合，然後側之以見器之陰陽向背之情，然後橐者就古器寬平者拓文，就器而撕合之，則不失矣。陰陽向背圖器同審自合（合則刻木，拓之亦佳）。」《秦前文字之語》，第二四七、二四八頁。

[五]《傳古别録》，《陳介祺手稿集》第四册，第一〇〇三頁。

[六] 陸明君著：《陳介祺年譜》，西泠印社出版社，二〇一五年，第六六頁。

[七] 參見簠齋同治十一年九月二日致吴雲札附箋，次年十月十三日致吴雲札，《秦前文字之語》，第二一七、二四八頁。

[八] 王黼奉敕編纂的《宣和博古圖》輯録了宋皇室所藏商至唐代的青銅器，對每件器物均摹繪圖形和款識，記録容量、重量、銘文字數及釋文等，間有考記；目前流傳版本多爲明清重修本，如明萬曆間的《泊如齋重修宣和博古圖録》，由畫家丁雲鵬、吴廷羽繪圖。《西清古鑒》仿《宣和博古圖》遺式，著録清殿廷陳列及内府所藏青銅古器，除文字記考外，亦摹篆款識，精繪形模。此書清乾隆十四年（一七四九）由吏部尚書梁詩正、户部尚書蔣溥、工部尚書汪由敦等奉敕編纂，陳孝泳、楊瑞蓮摹篆，畫院供奉梁觀、丁觀鵬等繪圖。參見《西清古鑒》清光緒十四年（一八八八）日本邁宋書館銅版刻本。

[九] 簠齋云：「昔辛亥（一八五一）陳粟園爲作《簠齋印集》十部，十月始成。葉（志詵）、劉（喜海）、李（璋煜）、吴（式芬）、吕（堯仙）諸公醵貲助之乃就。」見《傳古小啓》（三抄校稿本），《陳介祺手稿集》第四册，第九四一頁。

[十] 簠齋同治十一年九月二日致吴雲札之附箋云：「廿年前所著《簠齋印集》，僅成十部。友人醵贈粟園亡友，每部十金或十餘金不等，紙與印泥不與焉。閲八月乃畢，非粟園静專，不能就也。」見《秦前文字之語》，第二二五頁。

並在歸里後的傳拓實踐中加以繼承且進一步發展完善。他在一套五册精裝本的吉金全形拓目録中寫道：「全圖必以粟園爲宗，而更求精。」[一]（圖五）作爲良工益友的陳粟園，成爲簠齋歸里後每每追念的拓工典範，這一點簠齋在致鮑康、潘祖蔭等友人的信札中多次提及。

簠齋在傳拓過程中總念及粟園，是因很難遇到稱心的好拓工。他在同治十三年六月六日、七月十一日致潘祖蔭札中云：「拓友之難備嘗，教拓則苦其鈍，又苦其厭，久而未必能安，重椎損器，多拓磨擦，私留拓本，妄費紙墨，出外游蕩，技未至精，而自恃非伊不可，與言每不隨意。若陳粟園者，貞不可復得。即欲多延一二人，亦須有人照料方妥，此亦約略。」「敝處拓友，皆日日自看自教，拓未至精，而相處亦不易。如粟園者，今日豈可得哉。」[二]簠齋認爲好的拓工至少要具備以下幾方面特點：有一定的學養、通篆學，品性誠實可靠，静心專注，精細沉穩，技術精嚴。「延友則必須通篆學，誠篤精細，不輕躁鹵莽者。此等人亦必須善遇之，使之能安，然甚不易得。」[三]

同鄉王石經（一八一三—一九一八，號西泉）爲武生員，通篆法，刻印能得漢法，常得簠齋指點引導，是簠齋比較稱意的拓友。簠齋在光緒二年（一八七六）四月四日爲《西泉印存》題記曰：「西泉作印與年俱進，昔師漢印，今則秦斯金石刻，三代器文之法，有得於心。徒以古印求之，非知西泉者矣。」簠齋用印多出其手，評價他可與趙之謙比肩，「西泉似不讓撝叔也」[四]。簠齋還引薦西泉爲潘祖蔭、王懿榮等同好刻印，潘祖蔭在光緒十二年（一八八六）二月下旬題《西泉印存》云：「簠齋丈曾屬西泉爲余刻印，今年始遇於都門，復爲刻數枚。西泉之印近今無第二人。質之知者以爲何如？」[五]

簠齋延聘過的其他拓工主要有：張子達、呂守業（劉守業）、陳佩綱、姚公符、何昆玉（字伯瑜）等。他們各有長處和不足。對於張子達，簠齋認爲，其身體和品性皆有缺陷，但「拓白文能精」，「拓墨則他人皆不及」[六]。簠齋致潘祖蔭札云：「張子達（衍聰）之拓法，卻勝東省他人。但聾甚，又多疑，又能使氣，又私拓，又不惜護（卻未損），非有人監拓不可。薄如幣布朽破不可觸者，恐非所宜。又不能拓陽文，而尚能作圖，圖須指示乃大方。」[七]張氏墨拓北魏畫像石《曹望憘造像記》，簠齋認爲「工而未雅」[八]。

呂守業（曾姓劉，後改歸本宗，仍名守業）是簠齋培養出來的能精拓石瓦的拓工，「數年來令此劉姓習拓石瓦，二者竟能精，惟尚未能拓吉金，亦未多習之故。年少穩細，能領略指授，今日不可多得」[九]。簠齋在同治十二年（一八七三）十二月至光緒元年（一八七五）五月致鮑康、吳雲、王懿榮的信札中數次提及，認爲呂氏能受教，能究心，從容謹細，行不劣，是位好拓手，只是做工慢，「不受迫促，一紙須他人數紙工夫，勿輕視之」。簠齋曾遣其參與瑯琊秦刻之拓事，呂氏還曾拓北周武成宇文仲造玉像等。

陳佩綱（字子振），簠齋族弟，從簠齋學習摹刻古印，雖日有長進，但仍遜於王石經，「子振止能刻，若令自篆鐘鼎則不能成章，至鈎字或增或減其過不及者，則不能解，亦極代費心目。西泉能知之且知其意，故是良友」[十]。簠齋曾囑子振爲潘祖蔭、吳大澂、王懿榮刻印。

姚公符（？—一八七九），簠齋晚年傳拓助手，曾拓古陶、矢䀇盤等。簠齋光緒四年（一八七八）十月九日致吳大澂札云：「古匋今得邑人姚公符學桓作圖，尚精細。今寄圖屏六十二幅，又矢䀇盤大紙者一幅（有考未及書），紙背少有次序。公符寒士，以筆墨爲生，乞酌助之。」[十一]

何昆玉，廣東高要人，同治十一二年間攜潘氏看篆樓古印、葉氏平安舘節署爐餘古印到簠齋處，簠齋出其舊藏，並增益岳父李璋煜、吳式芬、鮑康等藏印編纂《十鐘山房印舉》[十二]。何氏助拓一年多，約成《十鐘山房印舉》廿部，每部八十本八函[十三]。

三、《陳介祺拓本集》的輯刊

百餘年過去，簠齋藏器歷經滄桑，四散海内外，而中國文化遺産研究院有緣珍藏了簠齋考釋手稿及一批金石拓本。手稿係簠齋後人於一九六四年捐贈，金石拓本主要是二十世紀五六十年代國家文物主管部門從市肆購得。二〇一七至二〇一九年，筆者以文研院立項科研課題「院藏陳介祺金石學資料整理研究」（編號2017-JBKY-13）爲契機，全面調查了簠齋藏器拓本，分門别類進行了鑒别、整理和研究，分爲商周彝器全形拓、商周彝器文字拓、商周兵器、奏詔量權、漢器、銅鏡、泉布泉範、瓦當、古磚、古陶文十種，彙爲《陳介祺拓本集》，有關情況簡述如下。

[一]《簠齋藏吉金拓片》（登録號00995），中國文化遺産研究院藏。
[二]《秦前文字之語》，第二四、二八頁。
[三] 簠齋同治十三年七月十一日致潘祖蔭札，《秦前文字之語》，第二九頁。
[四] 簠齋光緒元年正月十一日致潘祖蔭札，《秦前文字之語》，第四六、四七頁。
[五]（清）王石經著、陳進整理：《西泉印存》，天津人民美術出版社，二〇一四年。
[六] 簠齋同治十三年八月廿一日致潘祖蔭札，《秦前文字之語》，第三五頁；光緒元年七月二十五日致王懿榮札，《秦前文字之語》，第一一三頁。
[七] 簠齋光緒元年正月十一日致潘祖蔭札，《秦前文字之語》，第四七頁。
[八] 簠齋光緒元年七月二十五日致王懿榮札，《秦前文字之語》，第一一三頁。
[九] 簠齋同治十二年十二月立春後一日致鮑康札，《秦前文字之語》，第一八三頁。
[十] 簠齋光緒元年三月二日致王懿榮札，《秦前文字之語》，第一〇三頁
[十一]《秦前文字之語》，第三二一頁。次年（一八七八）九月十九日簠齋致吳大澂札云：「姚公符亦作古，須别倩人爲之。」《秦前文字之語》，第三二六頁。
[十二] 簠齋同治十二年二月二十四日致吳雲札，《秦前文字之語》，第二三〇頁。
[十三] 簠齋同治十二年十一月十五日致鮑康札，《秦前文字之語》，第一八〇頁。

大楚公鐘
古音字鐘
商子𠆢瞿戈敢 古氏
商𡍮山彝 古氏
𡨦父乙卯彝 底古𡨦父
中彝 底古龍文
王有大豐敦 四耳
伯雝父敢 器蓋
㮚生忽父敢 器蓋
又一
豐兮了敢 器蓋
君夫敢蓋
陳侯因資鐘 器
曾白霝簠蓋
號仲簠器
許子㽙簠蓋
緟父盤 贈李氏
鄭君媿鼎
犀伯魚父鼎
㝐戉小鼎
𤰈子䵻鼎 贈伯氏
夫伯𧆞敢 盖器蓋
𤔲中狂卣 器
此犧尊 器蓋
傳尊
𡈼鼎父尊 贈李氏
奇字器

𠀠乙斝
𦥑虎斝
母甲觶
父丁吉田觶
聿貝父辛觶
手止父乙觶
婦𨟭鮀 器蓋
𩳁𩳁爵
又一
子丁爵
舟且庚爵
旗單父丙爵
魚父丙爵
子八父丁爵
周窦匜
宗山豆 郭宋宗寶器
眉睐鼎 蓋有商字
緻安君 鉼
鼎分鼎 器蓋

全図如以
粟園為宗
石𣪍米精

陽朔上林鼎 器蓋
陽周倉金鼎 器
第十平陽共鼎 器
杜共鼎蓋
安成鼎蓋 再補器
廢卯鼎蓋
陽嘉扶侯鐘
陲寅鐙
又一 劉氏
𢍰斎歲宮鐙
上軍侯燭豆 丙鐙
桂宮行鐙
董彤洗
長宜子孫洗
乙庚鏡
兮中鐘
龏仲編鐘
𨕖𠀤姜𤋮簋
犂 十六年
池陽宮行鐙
以上六器后兩簋為
後宸敢丙申角
乃菓氏捐

商天君鼎
𢼸𤯷鼎 小鼎出齊地 當阿陳𤯷作 鼎𤔲器蓋者罕見
𨘢尊
應公尊
白伯𤇾瑗卣 器蓋
商且乙卣 父辛 器蓋 底有蟬文
孟爵 當与孟鼎為一人 爵中第一等之品
𧆨爵
𡨦父丁爵 當即作𡨦彝之人 所為
子爵 東鄉物 時赴粵 時失之
亞孫父乙觶
天子頌觚 購之拳石山房 觚中乏佳者
㝬𥁕皇父敢 器蓋
𠁩
立戈子執干壺
𢼸匜
𥃝皇父匜
𢼸𠪚盤 𠪚
步高宮鐙
開封行鐙 鐙

吉羊洗
太康壺
晉武帝司馬炎
二十五年

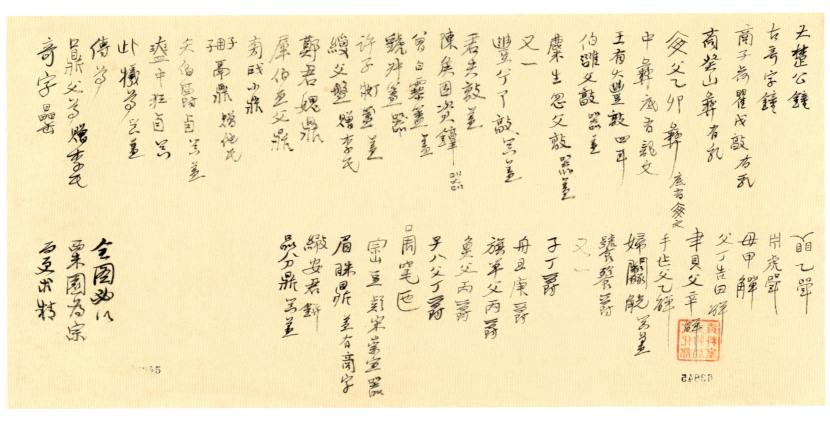

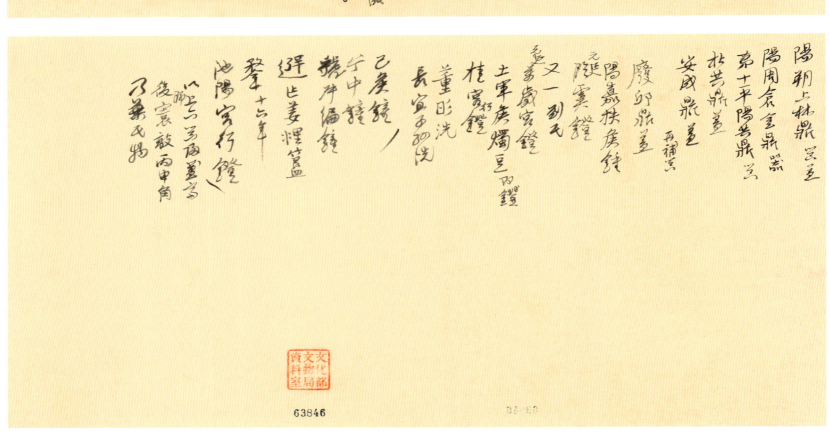

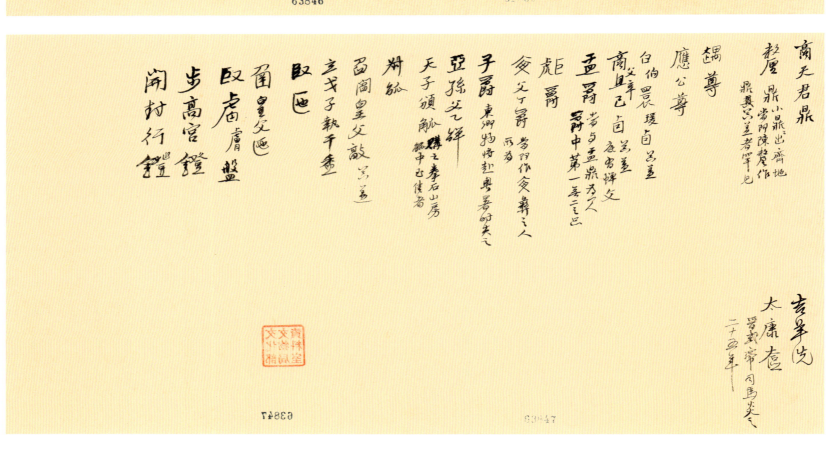

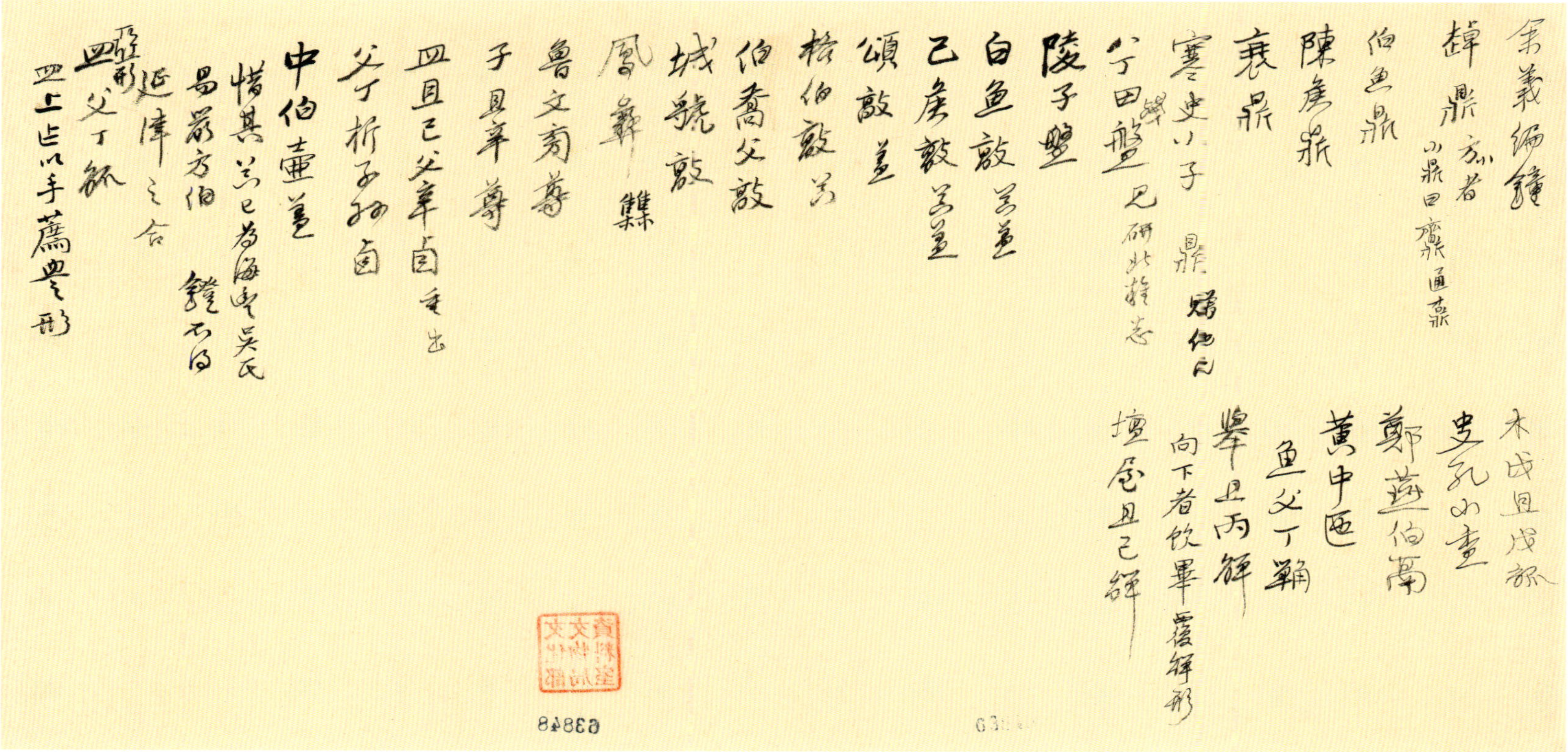

宗義編鐘
韓鼎 存者 小鼎曰齋鼎通稱
伯魚鼎
陳侯鼎
襄鼎
寠史小子鼎 婦仙己
舉兮田盤 已研北簃志
陵子盤
白魚敦 二蓋
己侯敦 二蓋
頌敦 蓋
格伯敦 二
伯喬父敦
城虢敦
鳳彝 鏶
魯文旁尊
子且辛尊
四且己父辛卣 重出
父丁析子孫卣
中伯壺蓋
惜其二已為海豐吳氏
昌彝方伯 鐘不得
延律之合
四疑形父丁觚
四上亞以手薦鬯形

木戊且戊觚
史孔小壺
鄭井伯鬲
黃中匜
魚父丁觶
舉且丙觶
向下者飲畢覆觶形
擅亞且己觶

文化部文物局資料室

63848

638…

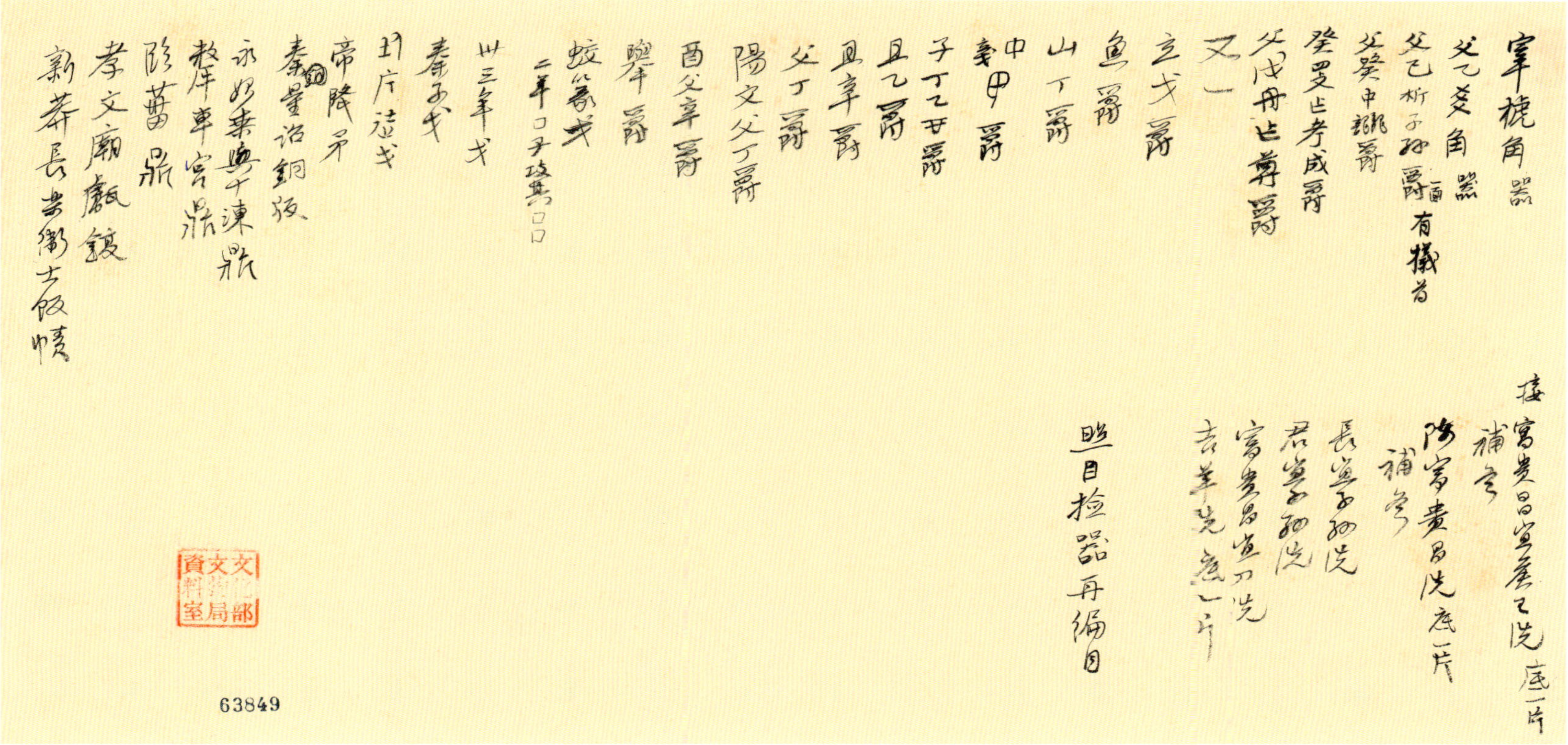

宰椃角 器
父乙交角 器
父己析子孫爵 一面有識者
父癸中𠂤爵
癸旻亞孝成爵
父戊舟亞尊爵
又一
立戈爵
魚爵
山丁爵
中 襄甲爵
子丁乙廿爵
且乙爵
且辛爵
父丁爵
陽文父丁爵
酉父辛爵
舉爵
蛟篆戈
二年□子攻其□□
卅三年戈
秦子戈
邛庁造戈
帝陵弔
秦量詔銅版
永始乘輿十湅鼎
整庫宮鼎
臨菑鼎
孝文廟甗鍑
新莽長壽衛士飯幘

接 宮貴昌宜侯王洗 底一片
補之
陽富貴昌洗底一片
補之
長宜子孫洗
君宜子孫洗
富貴昌宜刀洗
吉羊洗底一片

照目檢器再編目

文化部文物局資料室

63849

圖五　《簠齋藏吉金拓片》目録五頁

（一）商周全形拓及文字拓本

《商周彝器全形拓》收録簠齋藏商周彝器一百三十九器的全形精拓本（末附簠齋疑僞三器的全形拓），體現了簠齋藏器的核心面目。其底本主要源自院藏善本《簠齋藏吉金拓片》（登録號 00995）。筆者認爲，此部圖籍當是簠齋本人存留的藏器全形拓圖檔，非常珍貴。這一推斷有以下依據：

第一，裝幀考究精美。全套五册，書衣木框錦緞面封護，内葉以紙墩製成折葉，每器墨拓對開托裱其上。

第二，有墨筆行書於毛邊紙的器目五紙（圖五）。其中，有的器名下用雙行小字標注該器的來源、出土地、真僞意見等。有二紙的篇末還分别寫道：「照目撿器再編目。」「全圖必以粟園爲宗而更求精。」從上述信息及書寫筆迹來看，此五紙當是簠齋手書草目。

第三，五紙目録所列之器與拓本基本對應，總計有商周一百三十七器、秦一器、漢二十九器、晉一器以及簠齋疑僞三器。目録中提及一件疑北宋僞器「崈豆，疑宋崇宣器」[一]（圖六），另兩件疑僞器見於折葉背面題記。

第四，有兩册在折葉背面有墨書題記，記器名、頁碼（從二至八七），有的還注明器的來源、辨僞意見。寫有「劉」字的，是得自劉喜海舊藏，計有二十一器，其中二器題寫的鑒定意見分别是「益公鐘　疑陝僞」、「雙耳壺字僞」（圖三、圖四）；另寫有「葉」字的，是得自葉志詵舊藏，有師寰敦、丙申角。

第五，拓本製成時間及拓工不一。有一幅在整紙上采用拓與墨描相結合工藝製成的楚公豪鐘（中者）圖，係六舟拓（鈐印「六舟手拓」）（圖七）。其傳拓工藝與審美風格與册中的兮仲鐘等拓本不同。還有一幅「頌毁」文字拓本鈐印「陳粟園手拓」（圖八），爲陳畯所拓。這兩幅當是簠齋四十二歲之前居京期間，與六舟、陳畯交往時留下的早期拓本。同治十年後，簠齋在經歷青齊亂世後，決意將所藏以傳拓方式來保存傳播，便持續延請拓工助拓，在全形拓工藝上，采用陳畯的分紙綴合拓法，而更求精。册中有一幅楚公豪鐘（中者）文字拓，便是出自簠齋之手[二]（圖九）。

據此，筆者推斷此套拓圖當是簠齋選編，具有記録和保藏性質的一部吉金全形拓圖檔。這些拓本非常珍貴且稀見，呈現了簠齋眼中吉金所具有的端莊、文雅和古樸的氣韻。

本次輯刊的簠齋全形拓《商周兵器》，有戈、戟、劍、矛等六十六器，不僅數量齊全，且每器皆拓兩面，拓工精雅（圖十）。拓本的底本主要源自院藏圖籍《簠齋藏銅器拓片》（登録號 01027）。

簠齋重視三代金文，强調精拓多拓以傳世。此次輯刊的《商周彝器文字拓》有一百九十九種金文精拓本，其中部分彝器殘片的文字拓，是《商周彝器全形拓》中所没有的。文字拓的底本亦主要源自院藏圖籍《簠齋藏銅器拓片》（登録號 01027）。

（二）秦詔量權拓本

簠齋收藏秦器，源於他對開後世小篆之始的秦相李斯遺迹的看重。簠齋最早所得秦器是道光二十三年（一八四三）獲藏的一塊出自關中的秦詔銅版，同出的另外四塊歸劉喜海。同治五年（一八六六），劉氏的四塊舊藏亦歸簠齋。他認爲銅詔版是嵌於木量的遺存，詔字爲李斯之迹。之後的八九年間，簠齋又陸續入藏了秦始皇及二世詔字的木量銅詔版、鐵權和銅量，這大大激發了他欲集秦相李斯之迹以成大觀的迫切願望。他認爲秦金石文字「雖不及鐘鼎文字，然暴秦忽焉，柔豪之法，實始於斯，不可不重也」[三]。

簠齋的秦詔文字收藏中還有一種作爲量器的陶器，即瓦量。他對秦瓦量的辨識和定名，在其《秦詔瓦量殘字》拓本册的光緒三年（一八七七）「丁丑七月十六日」長題中有詳細記載（圖十一）。他還在光緒三年七月七日將新得的「秦始皇瓦量殘字四片拓四」寄贈吴大澂[四]。此後幾年間，簠齋又陸續入藏了一些秦詔瓦量殘片，如光緒四年十月收得兩片[五]。他收藏秦詔瓦量的總數，據現存多個拓本册的對勘來看，共有三十三種。

院藏簠齋秦詔量權拓本比較齊全，現輯入《秦詔量權》中的有鐵權及權版、木量銅版、瓦量殘片等四十三器的四十六幅拓本。

（三）漢器、銅鏡及泉布泉範拓本

簠齋收藏的漢器主要有鼎、甗、鍑、鐙、洗等，兵器主要是弩鐖，還有作爲車飾的青銅構件等。簠齋認爲「漢器之銘無文章，記年月、尺寸、斤兩、地名、器名、官名、工名而已」。從文獻價值來看，漢器並不是簠齋關注的重點，但他仍能發現一些製器新奇或有代表性的器物，並結合典籍進行考證闡釋，如《漢鐙考記》[六]。同治十一年九月二日簠齋致吴雲札之附箋云：「余新得綏和鴈足鐙，因集所藏所見之鐙爲考説，並刻所藏漢器精者爲圖説之。」[七]此次輯入《漢器》的五十三幅拓本，其底本主要源於院藏《簠齋藏吉金拓片》（登録號 00995）和《陳簠齋吉金文字》（登録號 440238）。

[一] 此器全形拓背面題「崈豆」。
[二]「楚公豪鐘（中者）」拓本有鈐印「陳壽卿手拓吉金文字」、「陳氏吉金」、「陳介祺所得三代兩漢吉金記」。
[三] 簠齋同治十三年四月八日致吴雲札，《秦前文字之語》第二五三頁。
[四] 簠齋光緒三年七月七日致吴大澂札，《秦前文字之語》第三〇六頁。
[五] 見簠齋光緒四年十月九日致吴大澂札：「唯又同得秦瓦量詔字殘片二爲快。」《秦前文字之語》，第三二一頁。
[六] 見《陳介祺手稿集》第二册中的「漢器金文考釋」部分，第五六五頁。
[七]《秦前文字之語》，第二二四頁。

圖六　簠齋疑僞器宗豆全形拓、背面題記、目録所列條目

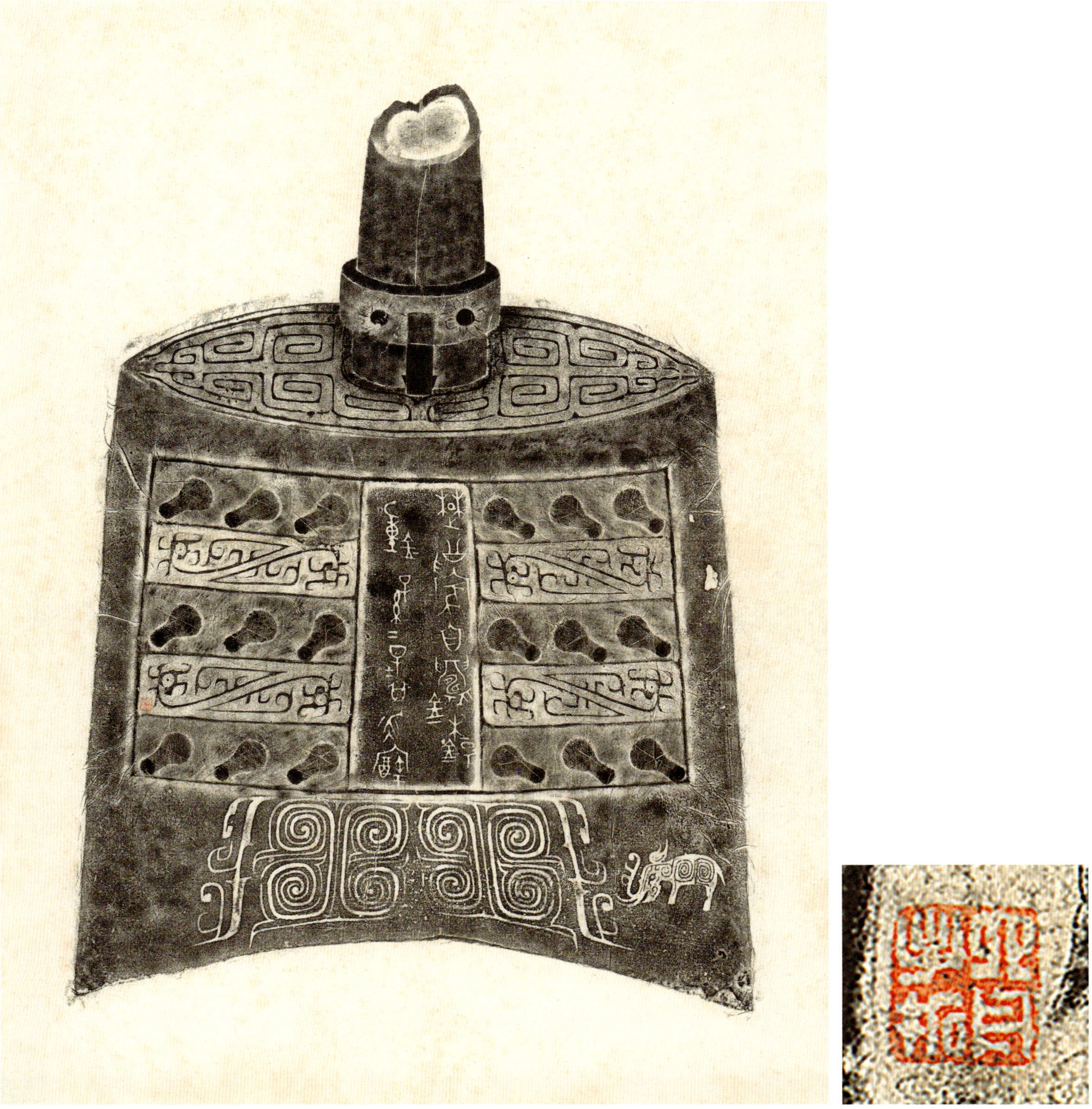

圖七　西周晚期楚公豪鐘（中者）全形拓及「六舟手拓」印

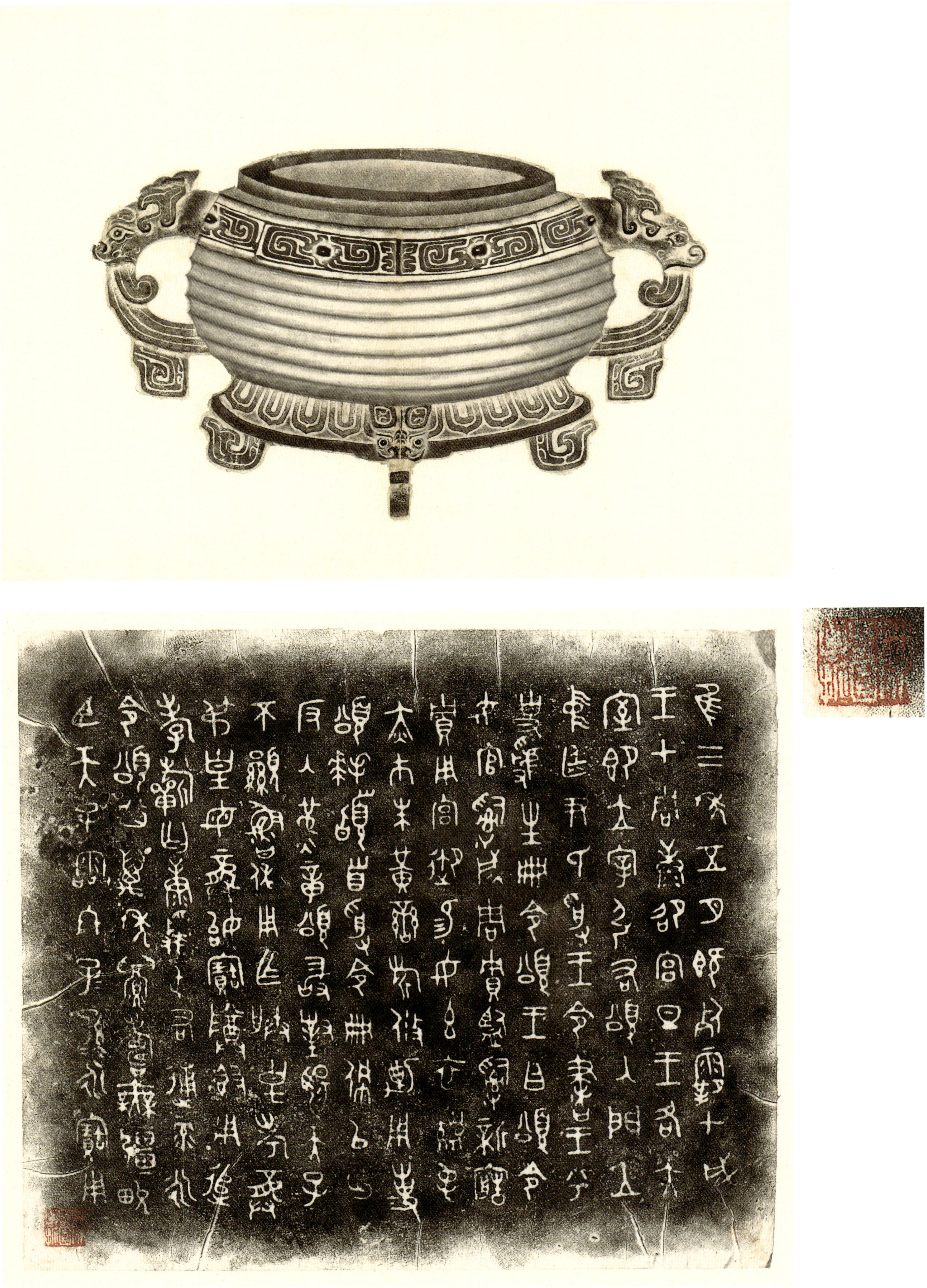

圖八　西周晚期頌簋全形拓及「陳粟園手拓」印

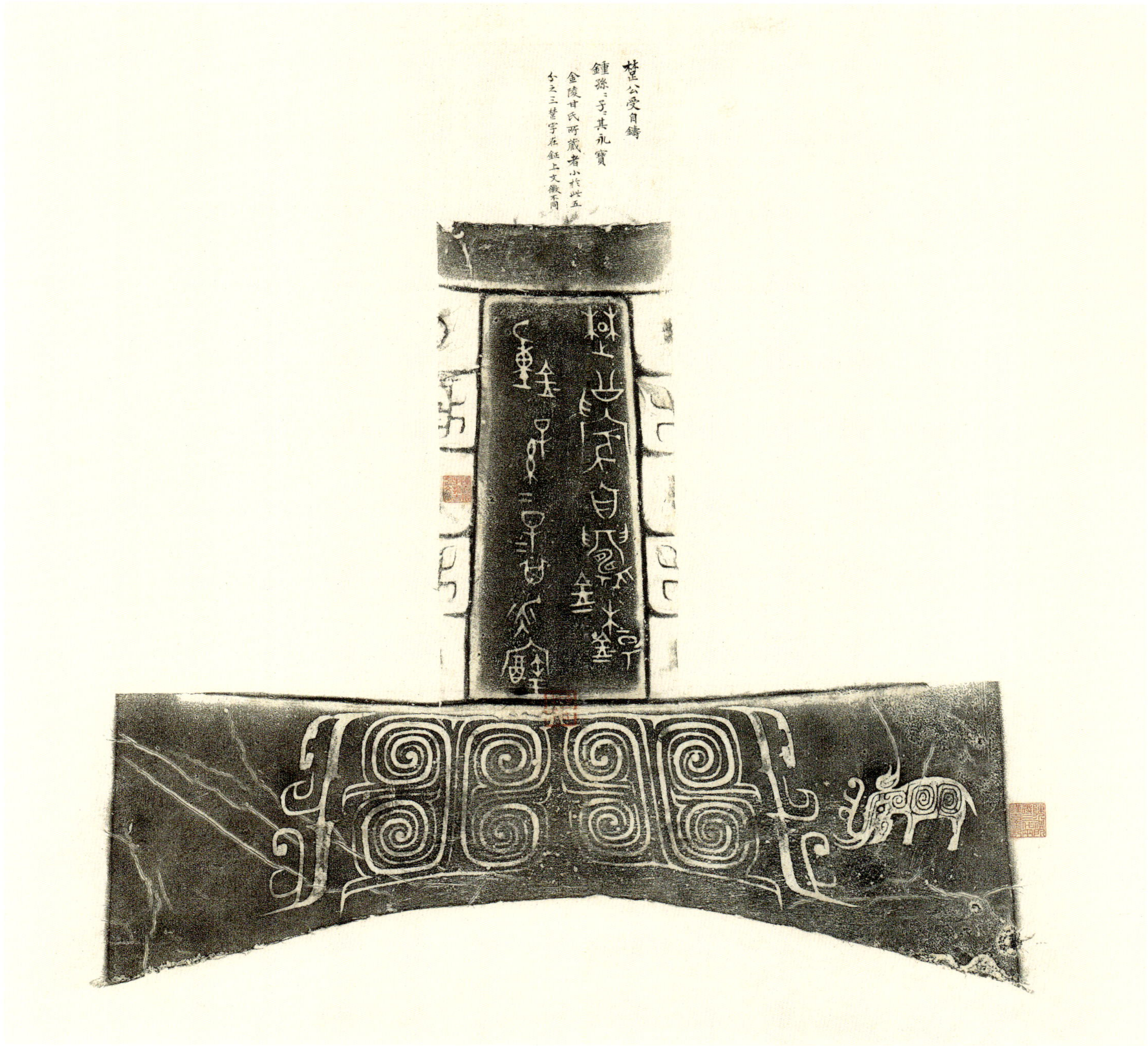

圖九　西周晚期楚公豪鐘（中者）文字拓及薰齋鈐印

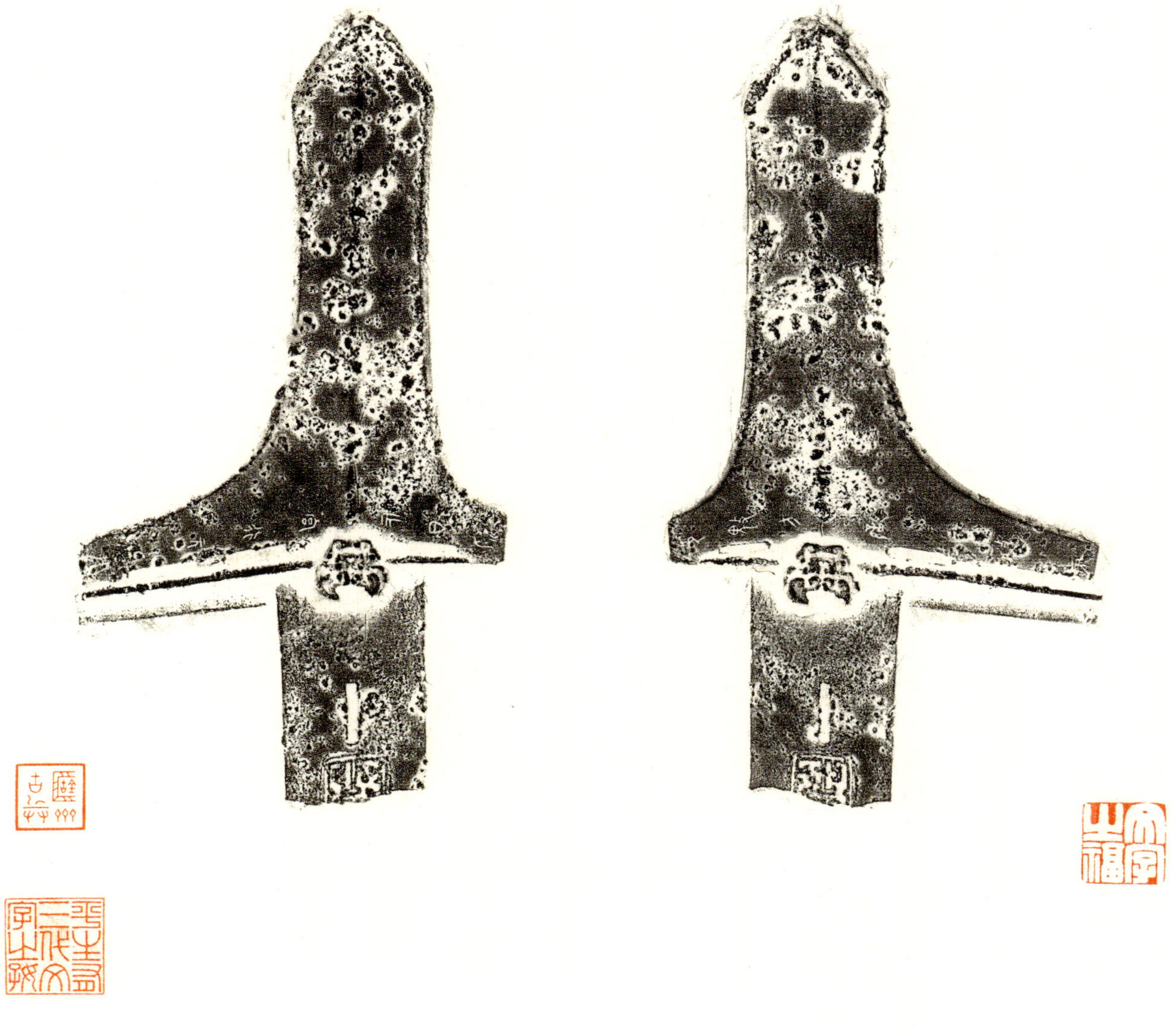

圖十　春秋早期梁伯戈拓本

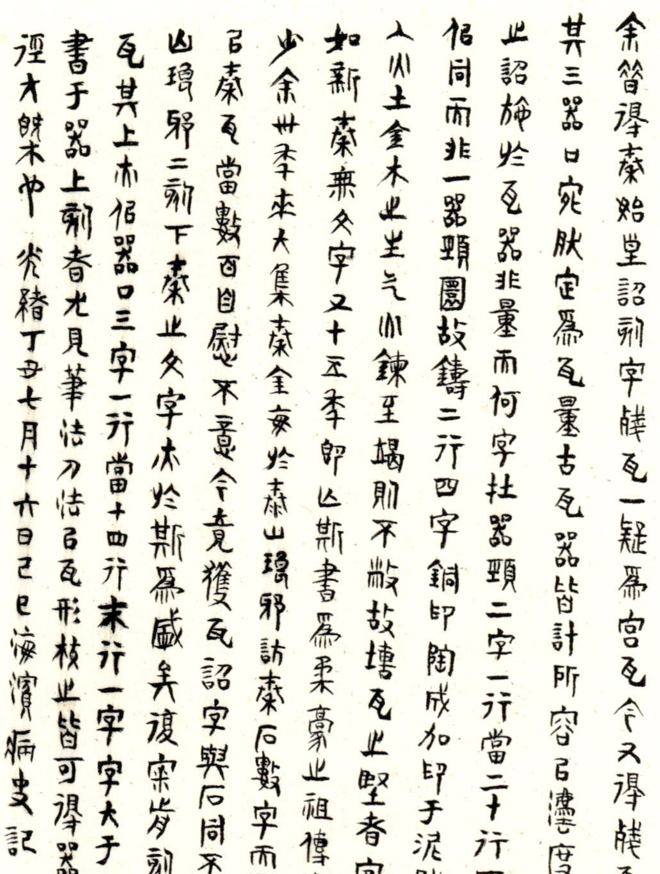

余嘗得秦始皇詔利字殘瓦一疑為宮瓦今又得殘瓦四其三器口完然定為瓦量古瓦器皆計所容以準度量此詔施於瓦器非量而何字在器頸二字一行當二十行四瓦相同而非一器頸圜故鑄二行四字銅印陶成加印于泥然後入火土金木之生氣火鍊至堝則不散故塼瓦之堅者字每如新秦兼文字又十五年即以斯書為柔毫之祖傳世至少余卅年來大集秦金每於泰山瑯琊訪秦石數字而不得以秦瓦當數百自慰不意今竟獲瓦詔字與石同不在泰山瑯琊二刻下秦之文字亦於斯為盛矣復案皆利字詔瓦其上亦似器口三字一行當十四行末行一字字大于四瓦似書于器上剩者尤見筆法乃悟以瓦形模之皆可得器口圜徑大略如此　光緒丁丑七月十六日己巳海濱病史記

圖十一　秦詔瓦量殘片拓本及題記

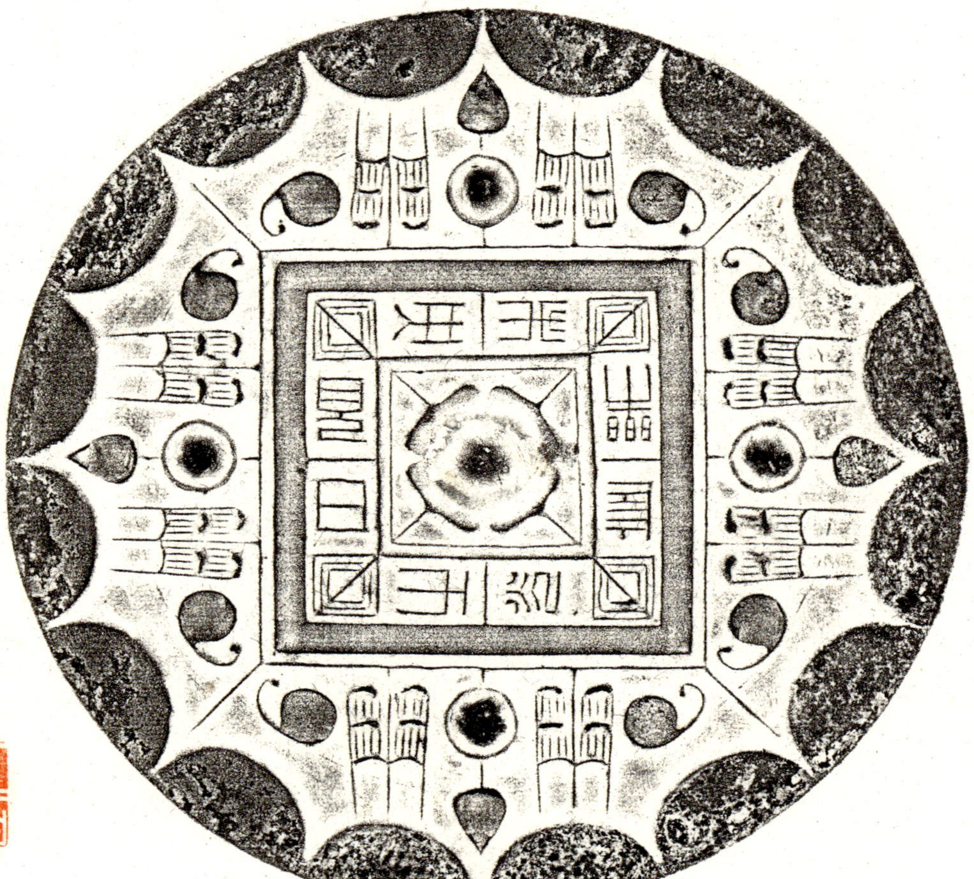

圖十二　漢代日光草葉鏡拓本

銅鏡是簠齋收藏的品類之一，曾自名「二百竟齋」。據陳進先生家藏本《鏡拓全目》所記銅鏡有二百枚。此次輯入《銅鏡》的拓本有一百六十九種，主要是兩漢時期遺存（圖十二）。

簠齋因重視古文字而延伸到對古泉的關注，對於古泉重研究而少收藏。他在同治十三年七月十一日、十月十三日致鮑康札云：「弟不收泉而言泉，蓋推三代文字及之，他則仍不求甚解也。」[一]「古化究下古器一等，以非成章之文，且有出工賈之手者，然猶是秦燔前古文字真面目，故不能不重，精刻傳之。」[二]他對古泉的研究體現在對老友李佐賢《古泉匯》的批校上，亦散見在與鮑康的通函中。他很關注當時各家所藏，甚至期望合諸家古貨集拓精刻公世[三]。本次輯入《泉布泉範》的拓本，是簠齋所藏的新莽十布六泉，其中六泉一套、十布兩套。這與光緒二年（一八七六）五月廿五日簠齋致吴大澂札中所記基本吻合，「敝藏六泉全一而有未精，十布全者二而有餘」[四]。

關於簠齋藏範，民國七年（一九一八）鄧實《簠齋吉金録》中影印了鄒壽祺藏銅範拓本六十七幅、鐵範一幅。鄒壽祺題記云：「簠齋藏貨範千餘，嘗以名居曰『千貨範室』。余所見有二十餘册，皆土範也。此銅範六十七紙、鐵範一紙，傳拓極少。庚戌立夏日杭州鄒壽祺得于中江李氏。」此次輯入《泉布泉範》的是銅範拓本，有四十九幅（圖十三）。

（四）瓦當、古磚及古陶文拓本

簠齋經年所藏秦漢瓦當的數量，據陳氏家藏《瓦拓全目》（陳進藏）有九百二十四種，其中殘瓦頗多。院藏圖籍《秦漢瓦當拓本》（登録號 420727）中有瓦當拓片五百九十五種，本次從中選擇拓瓦相對比較完整，其刻字或紋樣亦較有特點的輯入《瓦當》拓本中（圖十四）。

簠齋藏磚的數量，從陳氏家藏《専拓全目》（陳進藏）看，有秦漢至南北朝古磚三百二十三種。院藏圖籍《陳簠齋藏磚》（登録號 440249）中有磚拓四十種，輯入《古磚》拓本中（圖十五）。

簠齋在光緒年間首先發現了古陶文，並收藏了大量齊魯一帶的陶文殘片。他於光緒四年（一八七八）二月十七日致吴雲札時，寄贈了所拓三代古陶文字全份二千餘種。同年四月四日簠齋致吴大澂札云：「古匋拓已將及三千，如有欲助以傳者，乞留意。」光緒六年簠齋作對聯稱所積藏的齊魯陶文有四千種，至光緒九年（一八八三），題云「陶文今將及五千」。簠齋是發現、積藏和研究陶文的第一人，他曾感慨：「三代古匋文字，不意於祺發之，三代有文字完瓦器，不意至祺獲之，殆祺好古之誠有以格今契古而天實爲之耶。」[五]對於古陶文字，簠齋總結道：「古匋文字不外地名、官名、器名、作者、用者姓名與其事其數。」[六]此次所輯《古陶文》中有三千七百五十二種拓片，底本源自院藏圖籍《三代古陶文拓片輯存》（登録號 01469）（圖十六）。

四、結語

金石器作爲一種文化遺存，在清代中晚期得到阮元、張廷濟、劉喜海等文人仕宦收藏家的高度重視，而晚清陳介祺的藏器品種之富之精最爲時人稱賞。更難能可貴的是，他傾心致力於金石器的考釋、研究和傳承，發展了記録保存金石器圖文信息的傳拓工藝，留下了盡可能多的、精工雅致的金石文字拓本和吉金全形拓本。簠齋求真求精的傳古觀念，以及爲文存真影、爲器傳神形的傳古實踐，極大地豐富了傳統金石學的内涵，尤其是他的全形拓將青銅彝器的圖像表現力推向了兼具器之真形與藝術審美的新高度。

筆者有幸有緣得以親近先賢簠齋的手稿、墨拓等諸多遺存，深感其治學的嚴謹，與同好交流的坦誠，對「真」「精」傳古觀念的秉持不怠，以及傳拓實踐上的創新和行動力。如今歷經數年的整理、研究和編纂，繼二〇二三年《陳介祺手稿集》刊佈之後，由院藏拓本纂輯而成的《陳介祺拓本集》（十種），亦將陸續公之於世。在此，首先要感謝中國文化遺産研究院各級領導將「院藏陳介祺金石學資料整理研究」納入二〇一七—二〇一九年的院科研課題（編號 2017-JBKY-13），感謝吴家安、喬梁、陸明君、曾君、劉紹剛等專家學者在課題立項或結項時給予的幫助和指導。在課題研究及後續準備出版的過程中，筆者時常請教簠齋七世孫陳進先生，陳先生退休後始致力於簠齋相關資料的搜集、整理和研究，他總是熱情接待並加以指導，還提供了家藏毛公鼎初拓本、簠齋藏器目等珍貴資料；王澤文先生對商周吉金銘文進行了審訂；這期間還得到鄭子良、黨志剛、沈大娲、張洪雷、王允麗、葛勵、苑園、曹雨芊、宮𡊮、李賀仙、魏宏君等友人的協助，在此表示衷心感謝！當然，本書的最終面世還要感謝中華書局領導的支持，以及責任編輯許旭虹和吴麒麟、美術編輯許麗娟的精誠合作！書中有不妥之處，敬請方家指正。

中國文化遺産研究院　赫俊紅
二〇二四年四月十五日　初稿
二〇二四年九月二十日　定稿

[一]《秦前文字之語》，第一九四至一九五頁。
[二]《秦前文字之語》，第二〇〇頁。
[三] 簠齋光緒元年七月廿六日致鮑康札，《秦前文字之語》，第二〇六頁。
[四]《秦前文字之語》，第三〇〇頁。
[五] 簠齋光緒三年八月廿四日致吴大澂札，《秦前文字之語》，第三一〇頁。
[六] 簠齋光緒四年二月廿七日致吴大澂札，《秦前文字之語》，第三一七頁。

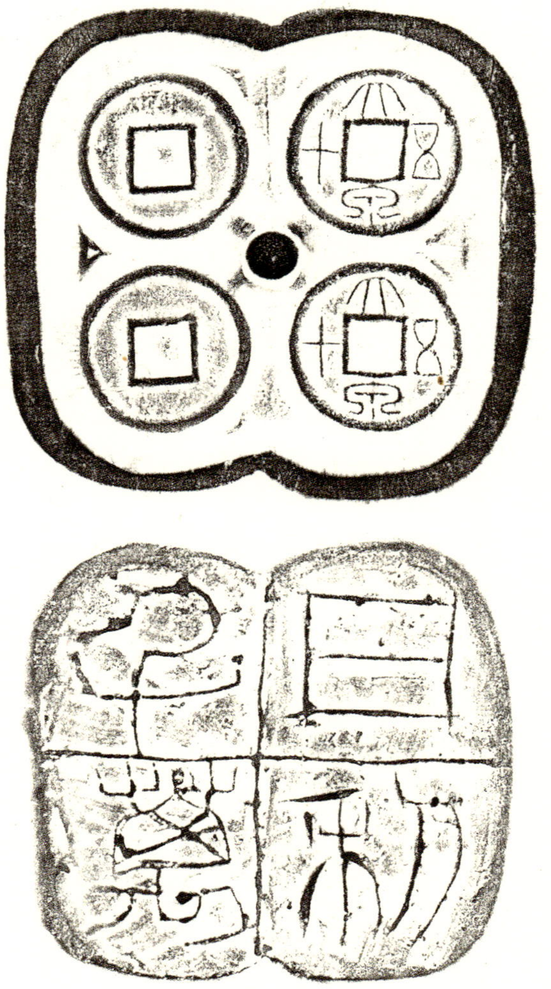

圖十三　新莽時期大泉五十銅範正背面拓本

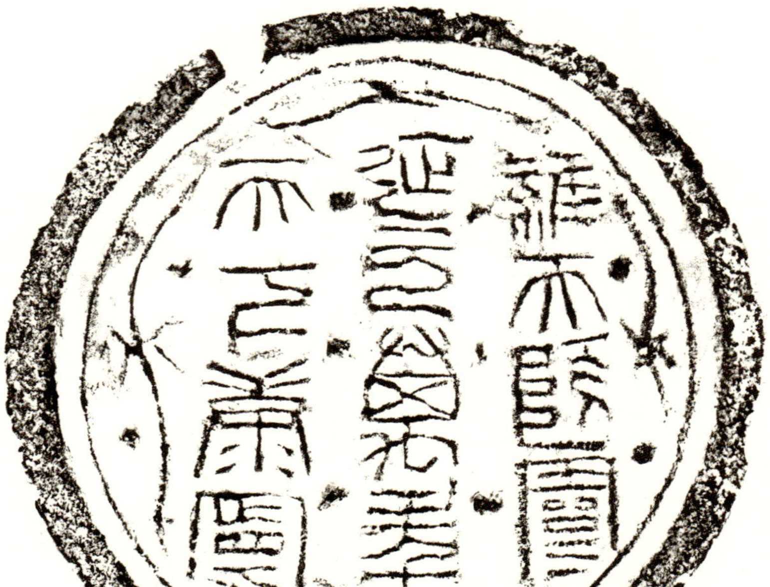

圖十四　秦瓦當拓本

圖十五　南朝宋大明五年磚拓本

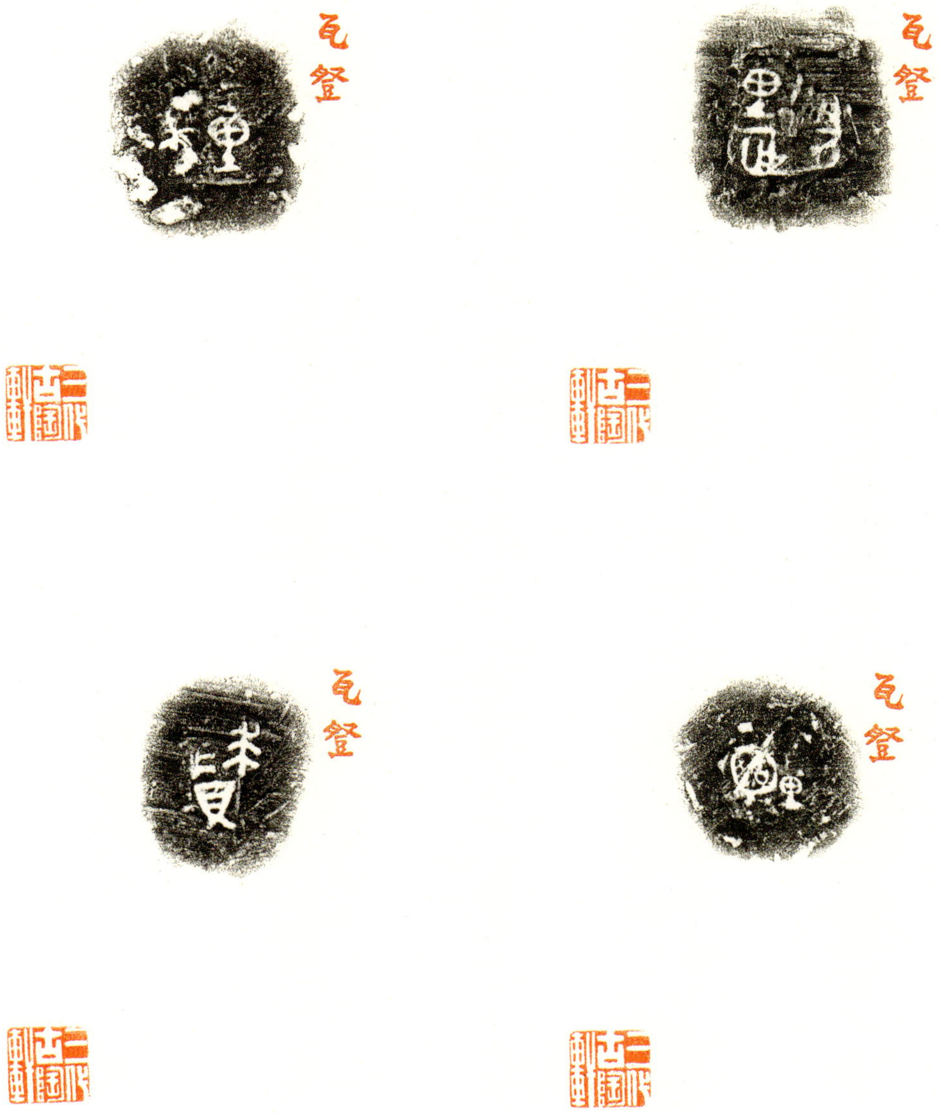

圖十六　古陶文拓本

目録

編例

一、簠齋藏古兵器，據簠齋七世孫陳進先生家藏《十鐘山房藏古目》中的文字著録，有古兵六十五器，包括：劍四、干首二、瞿四、戈四十六（其中一條目不完整）、矛八、鐏一（參見附録）。簠齋六世孫陳繼揆先生整理的《簠齋金文題識》中著録的古兵六十二器，有劍四、干首二、瞿四、戈四十五、矛六、鐏一。其中戈、矛的數量與《十鐘山房藏古目》略有不同。

二、本書收録的簠齋藏古兵六十六器全形拓本，來自兩部院藏圖籍《簠齋藏銅器拓本》（登録號01027）、《簠齋藏三代古器拓本》（登録號00971），兩書皆無目録及其他文字説明。前書分四册，摺葉對開裝，第一、三、四册有古兵六十四器拓本。後書分六册，綫裝，第一册有古兵六十二器拓本，其中六十器拓本與前書相同，二器拓本爲前書所無。爲區分册中各器拓本，在各器名稱之後附加一個編號（登録號．册次號．器次號），如秦子戈01027.1.40。

三、對拓本的辨識和整理主要參照中國社會科學院考古研究所編《殷周金文集成》（修訂增補本）。

四、將院藏六十六器全形拓本與《十鐘山房藏古目》、《簠齋金文題識》的著録進行核對，後兩者著録條目中僅有三件戈沒有找到對應的拓本。民國鄧實編《簠齋吉金録》以圖版著録了簠齋寄贈王懿榮的古兵四十器拓本（此書篇末所附褚德彝題記曰：「此册共古兵四十種，皆簠齋所藏，當時寄與王文敏懿榮者。王歿後，遺物盡爲劉鐵雲所得。余又從劉氏得之。今簠齋吉金分屬諸子姓者，半皆斥賣，多爲異國人所有。此後陳氏拓本將不可復得，因取古兵拓本付工裝褫，附于所得陳氏古器諸拓本之後。」）。

五、本書編録內容分圖版和文字著録。文字著録信息包括器物基本信息、釋文、院藏信息、附録。其中，器物基本信息有器名（附圖版拓本編號）、時代、全形拓最大縱横尺寸、銘文字數、《殷周金文集成》等的著録編號；釋文儘量吸收學術新成果，疑難處參酌諸家研究，並注明出處；附録則參閱《簠齋金文題識》輯録簠齋對拓器的認知。

六、本書目次編排上，先按戈戟（四十八器）、劍（六器）、矛（十一器）、鐏（一器）分四類。各類中再依時代或時段（商、西周、春秋、戰國）排序，同時段者則按銘文字數的降序排次。

七、釋文中的隸定字置於圓括號內；銘文漫漶缺損處的補字，置於□中；銘文因漫漶缺損而無法識别的字，用□表示；銘文原缺的補字，置於方括號內；少量尚難辨識的字保留原形或摹寫。

八、參閱書目：

中國社會科學院考古研究所編：《殷周金文集成》（修訂增補本），中華書局，二〇〇七年。書中簡稱《集成》。

（清）陳介祺著、陳繼揆整理：《簠齋金文題識》，文物出版社，二〇〇五年。

鄧實編：《簠齋吉金録》，民國七年（一九一八）風雨樓影印本。

吴鎮烽編著：《商周青銅器銘文暨圖像集成》及續編、三編，上海古籍出版社，二〇一二年、二〇一六年、二〇二〇年。又，《商周金文資料通鑒》電子版，二〇二四年。

曹錦炎主編：《國家圖書館藏陳介祺藏古器物拓本全編》，上海書畫出版社，二〇二四年。

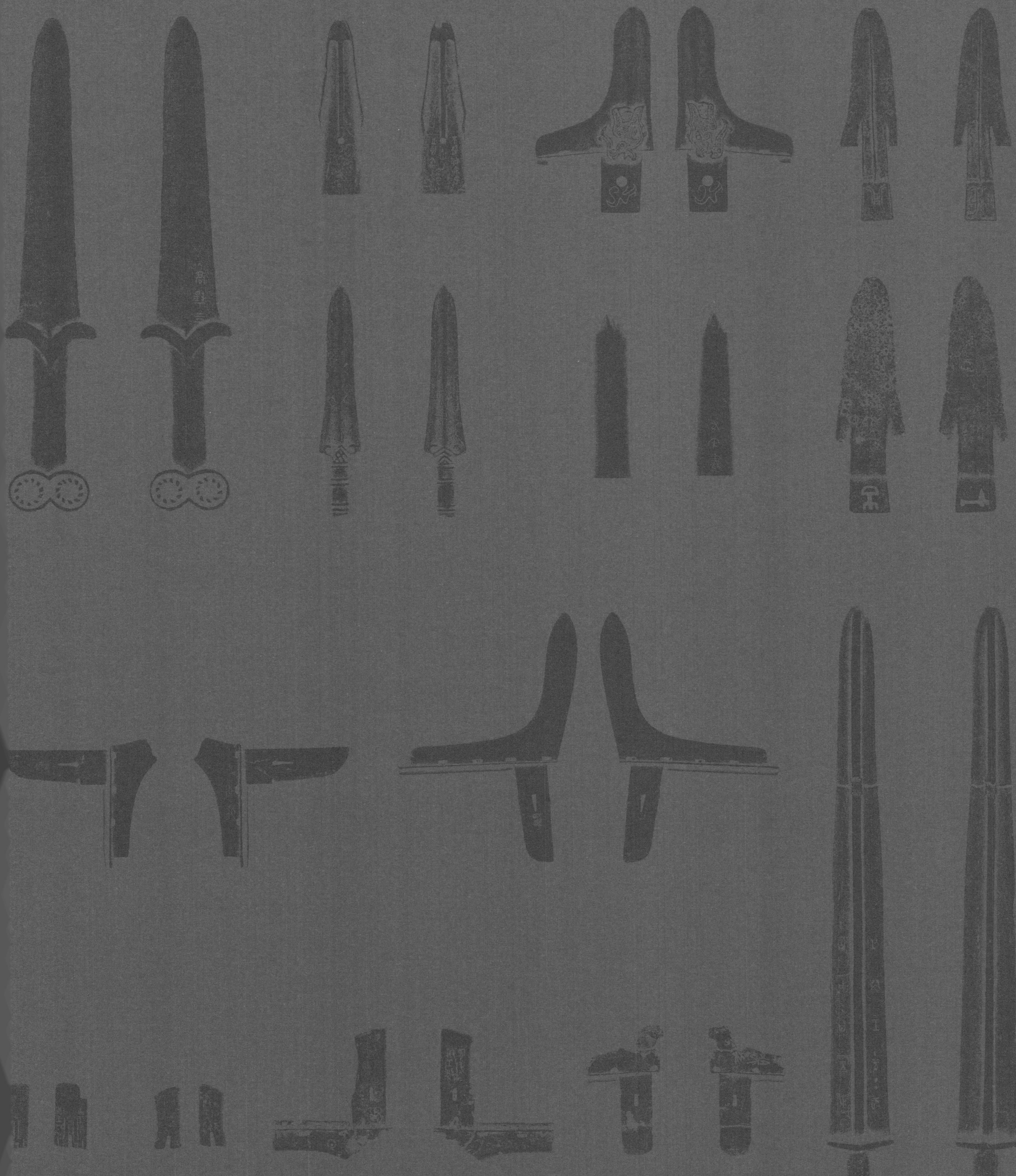

戈戟

告戈/[illegible]戈/虎文立刀戈/雷文戈/龍文戈/[illegible]戈/秦子戈/梁伯戈/元鏞用戈（殘）/宋公差戈（殘）/平陽高馬里戈/
羊子之造戈/內大攻戈/子備𩏩戈/陳□戈（殘）/陳散戈/黄戟/[illegible]戈/高密戈（殘）/子[illegible]子造戈/葴造戈（殘）/
二年戈/仕斤徒戈/右濯戈/皇宮左戈（殘）/亡鹽右戈/亜戈/卌三年業令戈/五年相邦呂不韋戈/郾王職戈（殘）……

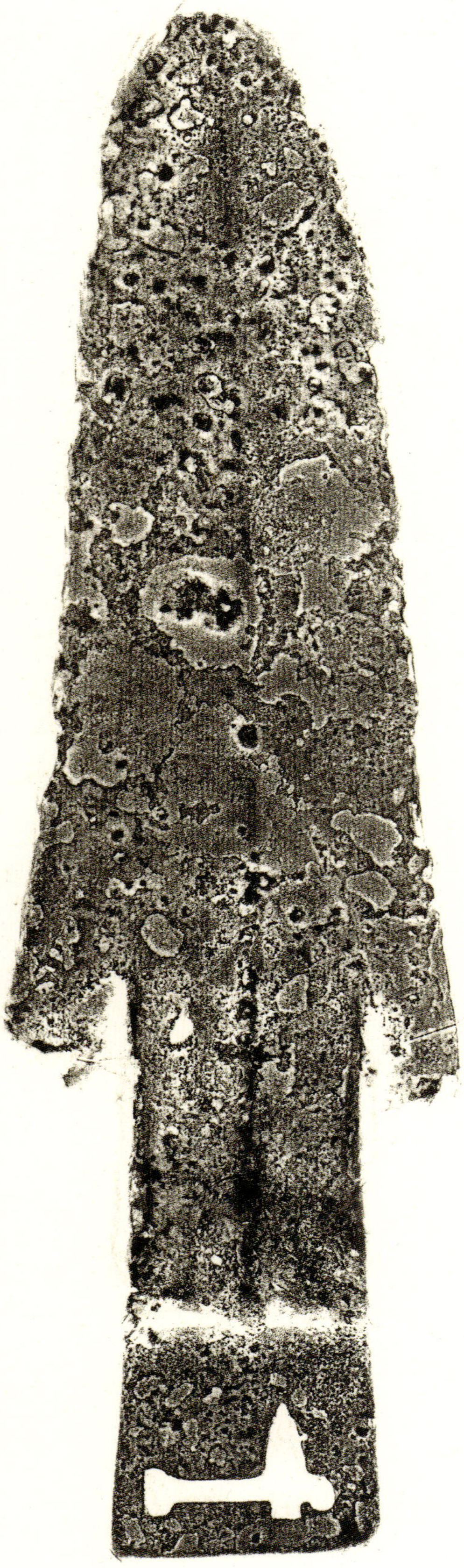

一

告戈

01027.1.47

商晚期

全形拓最大縱横22.7×6.4釐米（兩面同）

該器現藏：故宫博物院

銘文字數：二

《集成》著録編號：一〇八五九

釋文

告戈

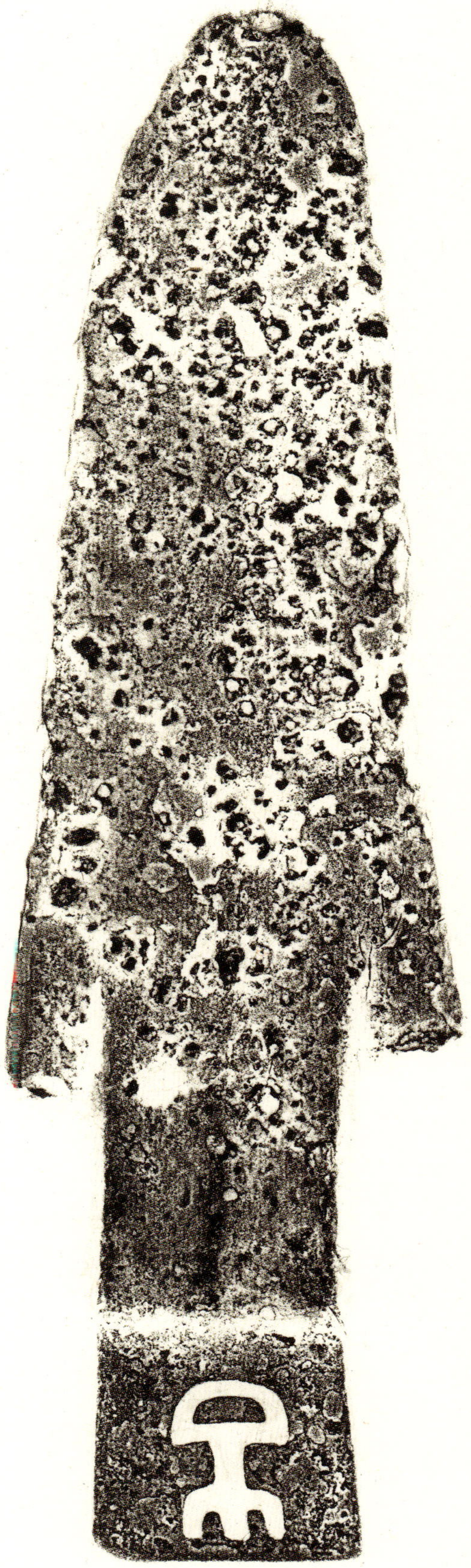

院藏信息

全形拓，登録號01027.1.47，一頁

全形拓，登録號00971.1.08，一頁，鈐印：簠齋古兵

附録

商立瞿鉞形瞿

二字。

文一如器形有柄，舊釋立戈形似誤。文一鉞形，釋古者繆，阮誤釋寶。吴平齋藏瞿作目形，即瞿字，甚古。器短于拓，以孔之故，當横拓。

參見《簠齋金文題識》頁七三至七四

二

卯□戈

01027.1.33

商晚期

全形拓最大縱横23×6.1釐米（兩面同）

銘文字數：二

《集成》著録編號：一〇八七七

釋文

卯□

院藏信息

全形拓，登録號01027.1.33，一頁，鈐印：簠齋古兵

全形拓，登録號00971.1.09，一頁，鈐印：簠齋古兵

附録

商卯□瞿

二字，陽識。

或曰卯、卯不同，或非卯字。

以上二瞿文古甚。

參見《簠齋金文題識》頁七四

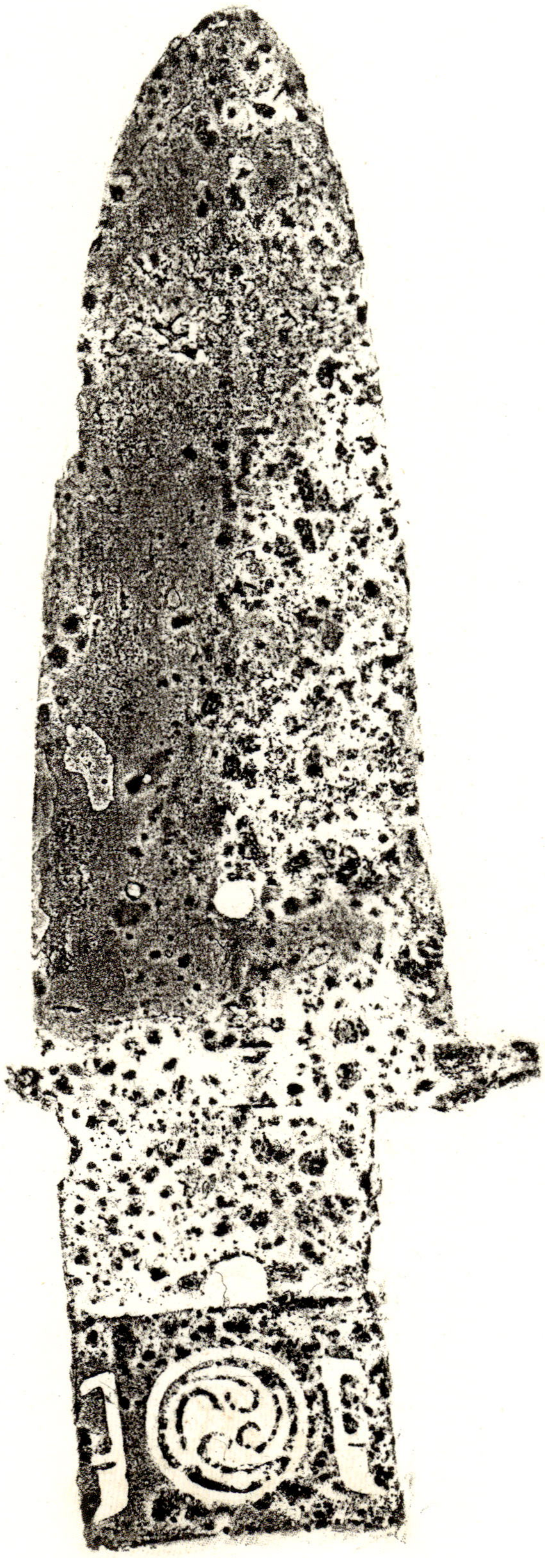

三

虎文立刀戈

01027.1.39

商晚期

全形拓最大縱横21.1×7.1釐米（兩面同）

院藏信息

全形拓，登録號01027.1.39，一頁，鈐印：簠齋古兵

全形拓，登録號00971.1.10，一頁，鈐印：簠齋古兵

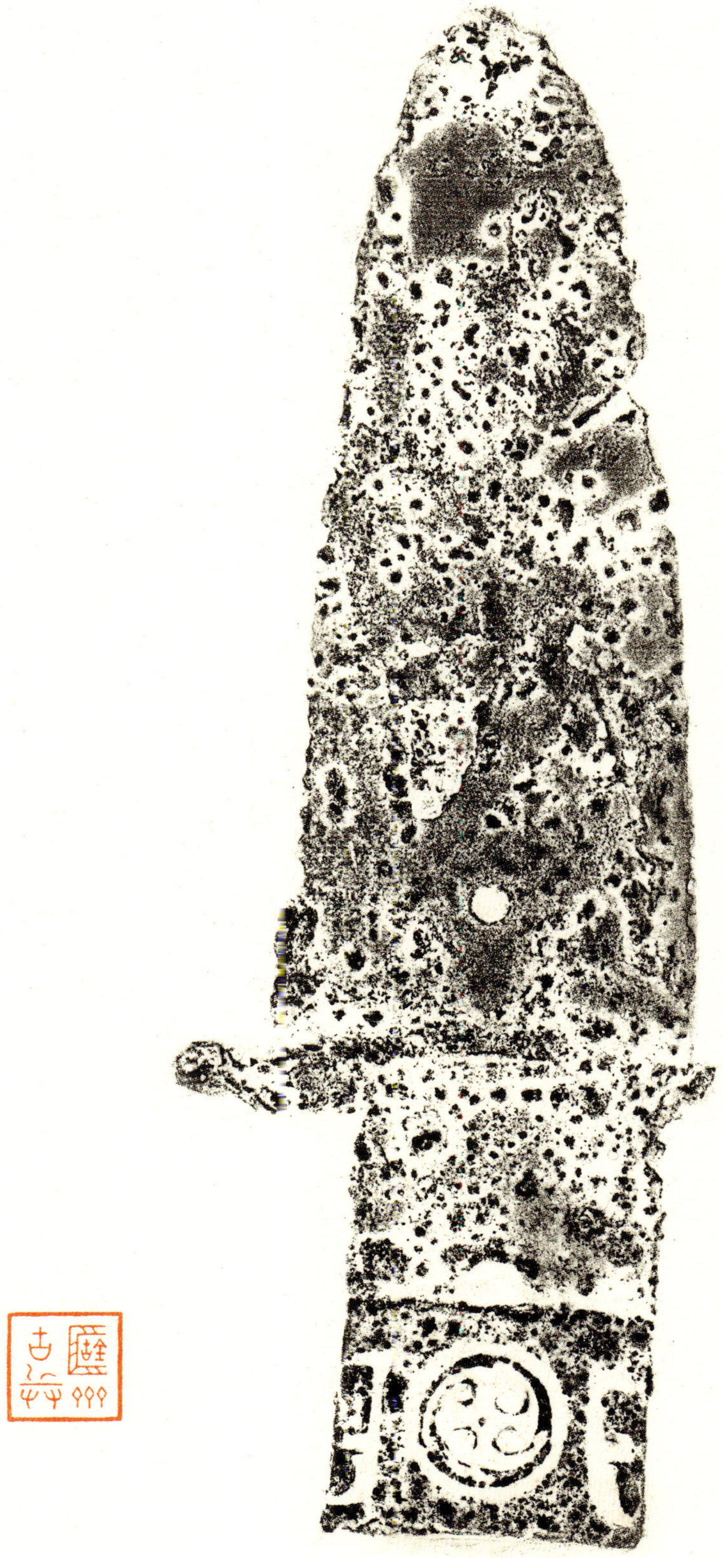

附録

商虎文立刀瞿

文六。

瞿文皆古干戈。

虎頞毛文象以示威，古文重威儀，故多象虎形也。古器有車形斜插大刀者，此亦有二大刀形，蓋大刀三代已有之。又一毀文作立瞿上二刀，如今腰佩之刀，蓋腰刀三代已有之矣。

二孔以繫柲者。

參見《簠齋金文題識》頁七四

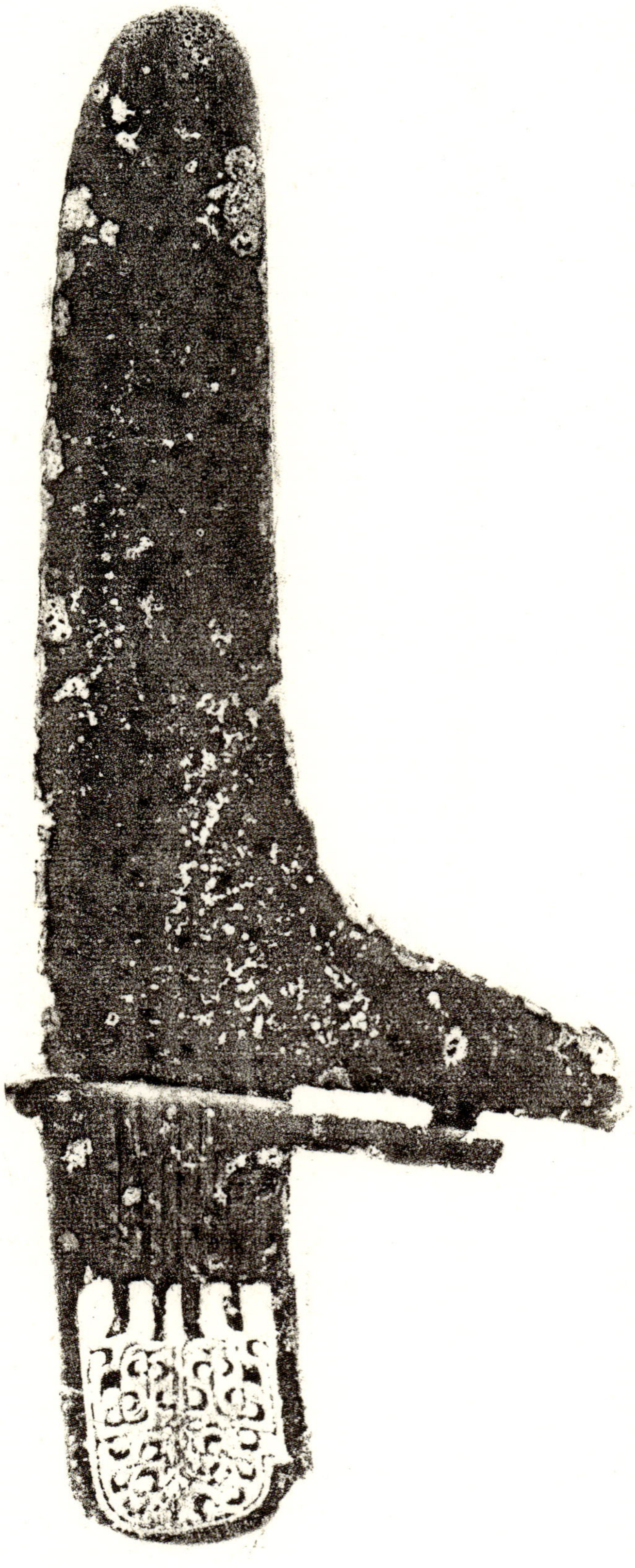

四

雷文戈 01027.1.09

商晚期或西周早期

全形拓最大縱横21.8×8.4釐米（兩面同）

院藏信息

全形拓，登録號01027.1.09，一頁，鈐印：簠齋古兵

全形拓，登録號00971.1.49，一頁，鈐印：簠齋古兵

附録

雷文古戈

參見《簠齋金文題識》頁九〇

五

龍文戈

01027.1.17

商晚期或西周早期

全形拓最大縱橫21.1×7釐米（兩面同）

院藏信息

全形拓，登録號01027.1.17，一頁，鈐印：簠齋古兵

全形拓，登録號00971.1.48，一頁，鈐印：簠齋古兵

附録

龍文古戈

文即字也。

瞿之初變戈者，戈之至古者與？

參見《簠齋金文題識》頁九〇

六

⿰皿皿自戈

01027.1.36

西周早期

全形拓最大縱横21.5×10.2釐米（兩面同）

銘文字數：四

《集成》著録編號：一一〇一二

釋文

⿰皿皿自（次）寢（？）戈

院藏信息

全形拓，登録號01027.1.36，一頁，鈐印：簠齋古兵、平生有三代文字之好

全形拓，登録號00971.1.26，一頁，鈐印：簠齋古兵、平生有三代文字之好

附録

[illegible]𠂤（省阜）[illegible]戈

四字。

第一字見散氏盤，第三字舊从宀。

阮釋曰巽者，據此似非𨸏。此阜名，言有事于其地，歸而作戈紀之也。

齊出。

參見《簠齋金文題識》頁八一至八二

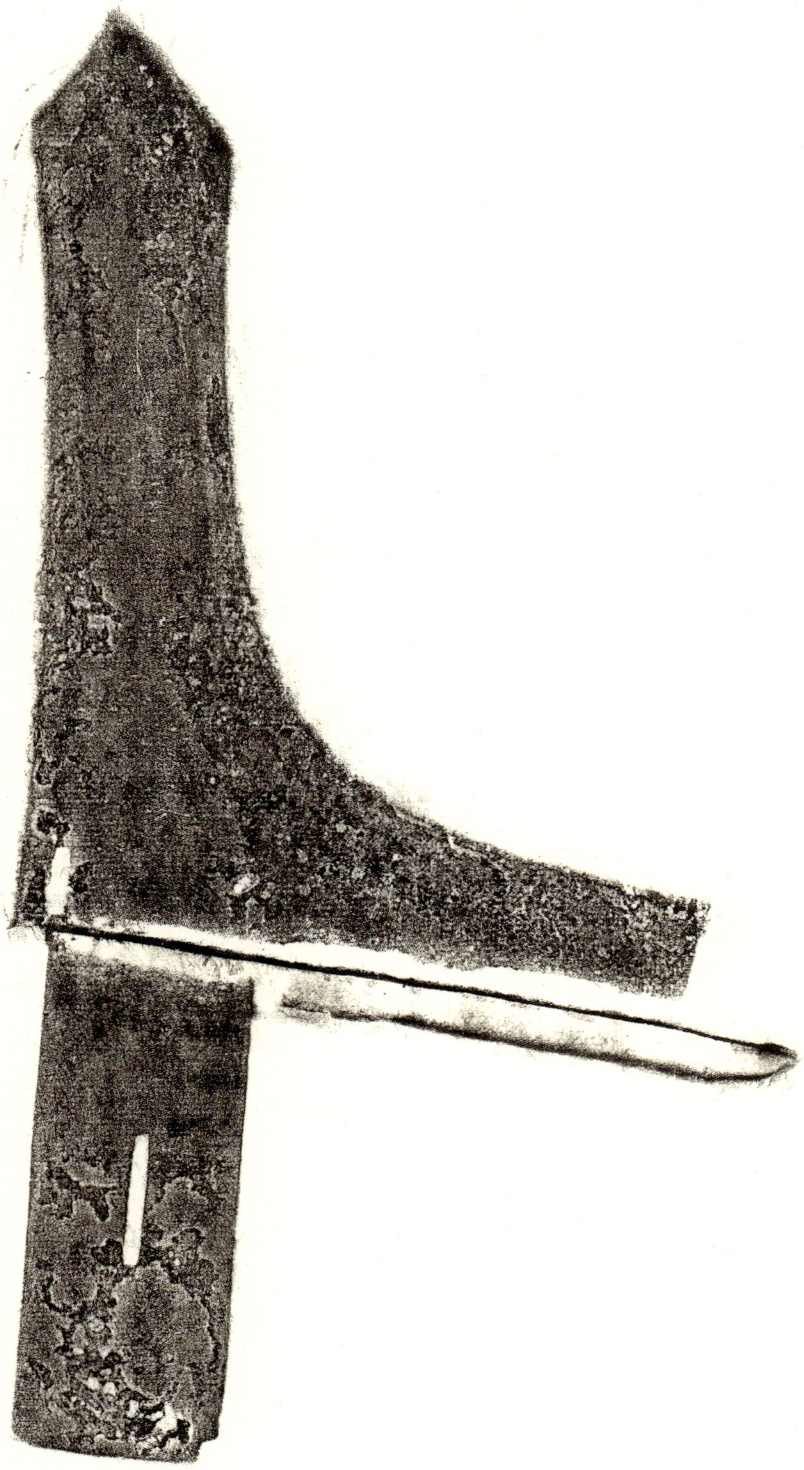

七

秦子戈

01027.1.40

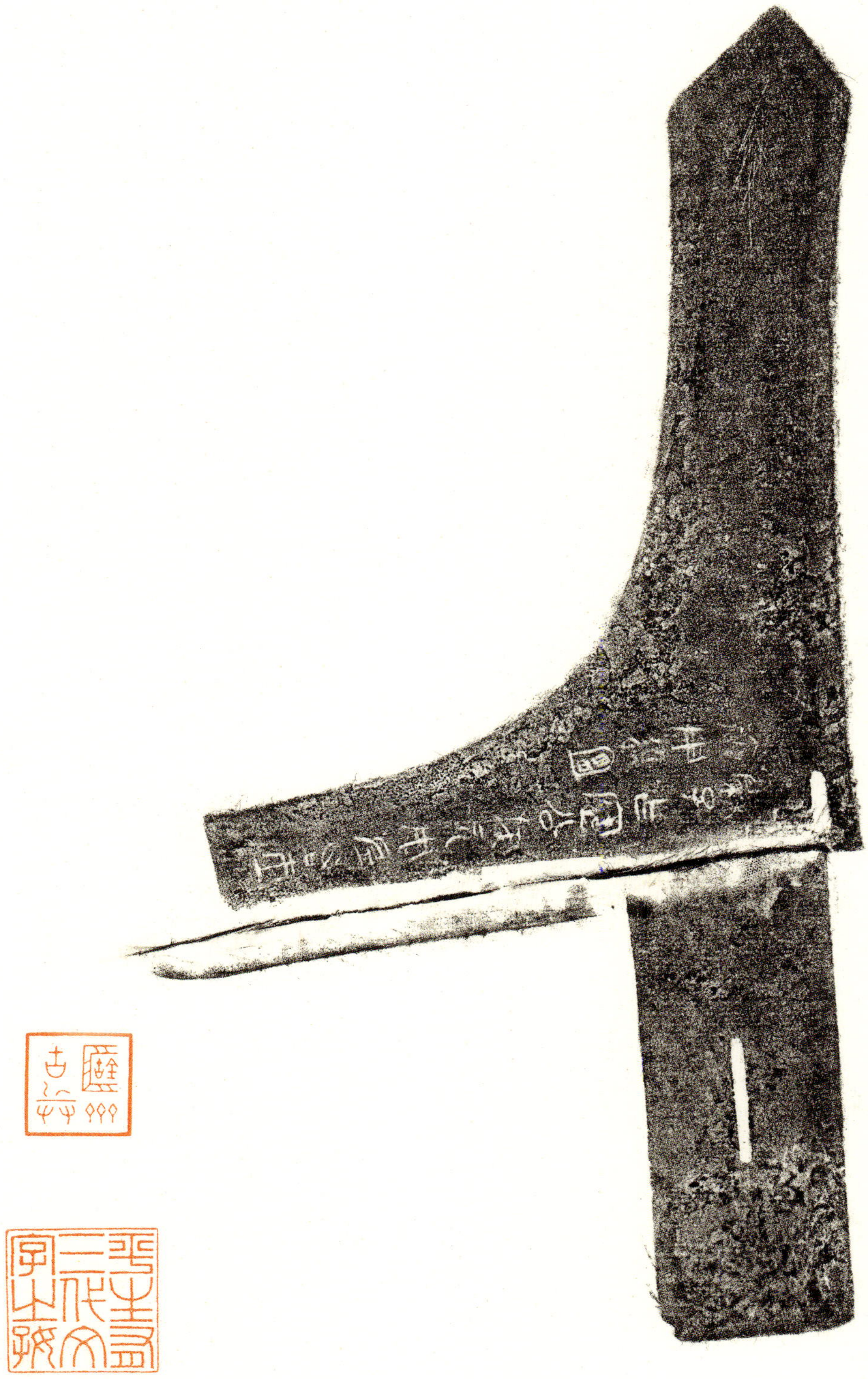

春秋早期

全形拓最大縱横20×11.3釐米（兩面同）

該器現藏：廣州博物館

銘文字數：十五

《集成》著録編號：一一三五三

釋文

秦子乍（作）簉（造）公族元用，左右帀（匝）鈦（夾），用䏭（逸），宜。

（編者注：釋文據李學勤《秦子新釋》，《文博》二〇〇三年第五期）

院藏信息

全形拓，登録號01027.1.40，一頁，鈐印：簠齋古兵、平生有三代文字之好

全形拓，登録號00971.1.17，一頁，鈐印：簠齋古兵

全形拓，登録號00995.5.21，一開

全形拓，登録號440238.4.30，一頁

附録

秦子戈

十五字。

伯益七世孫非子事周孝王，封爲坿庸，而邑之秦。平王東遷，襄公以兵送之，王封襄公爲諸侯。此曰秦子，或襄公之器與？

參見《簠齋金文題識》頁七八

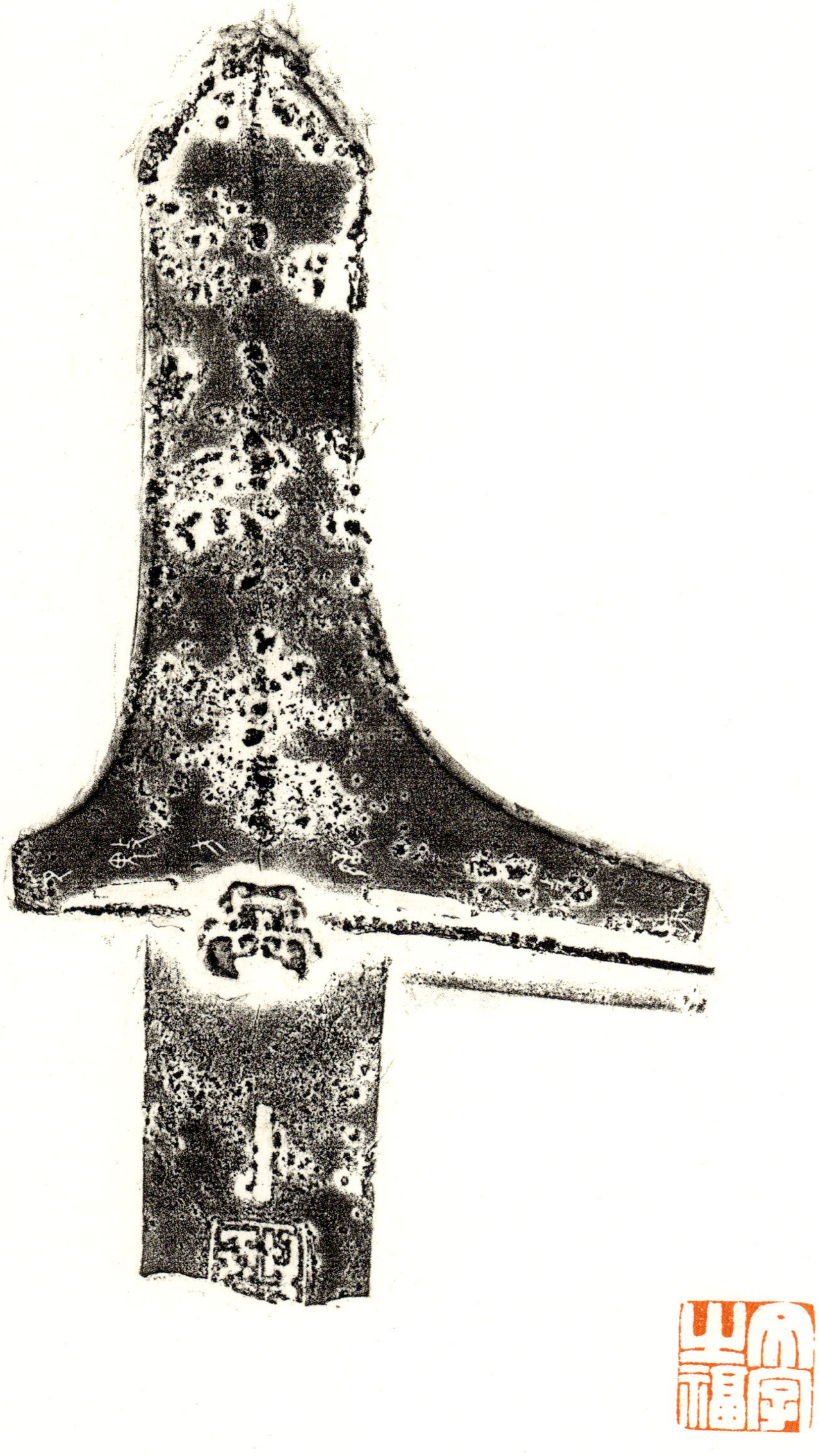

八

梁伯戈

01027.1.28

春秋早期

全形拓最大縱横17.7×9.3釐米（兩面同）

該器現藏：故宫博物院

銘文字數：十四

《集成》著録編號：一一三四六

釋文

梁伯乍（作）宫行元用，

印（抑）魃（鬼）方綠（蠻），印（抑）攻旁（方）。

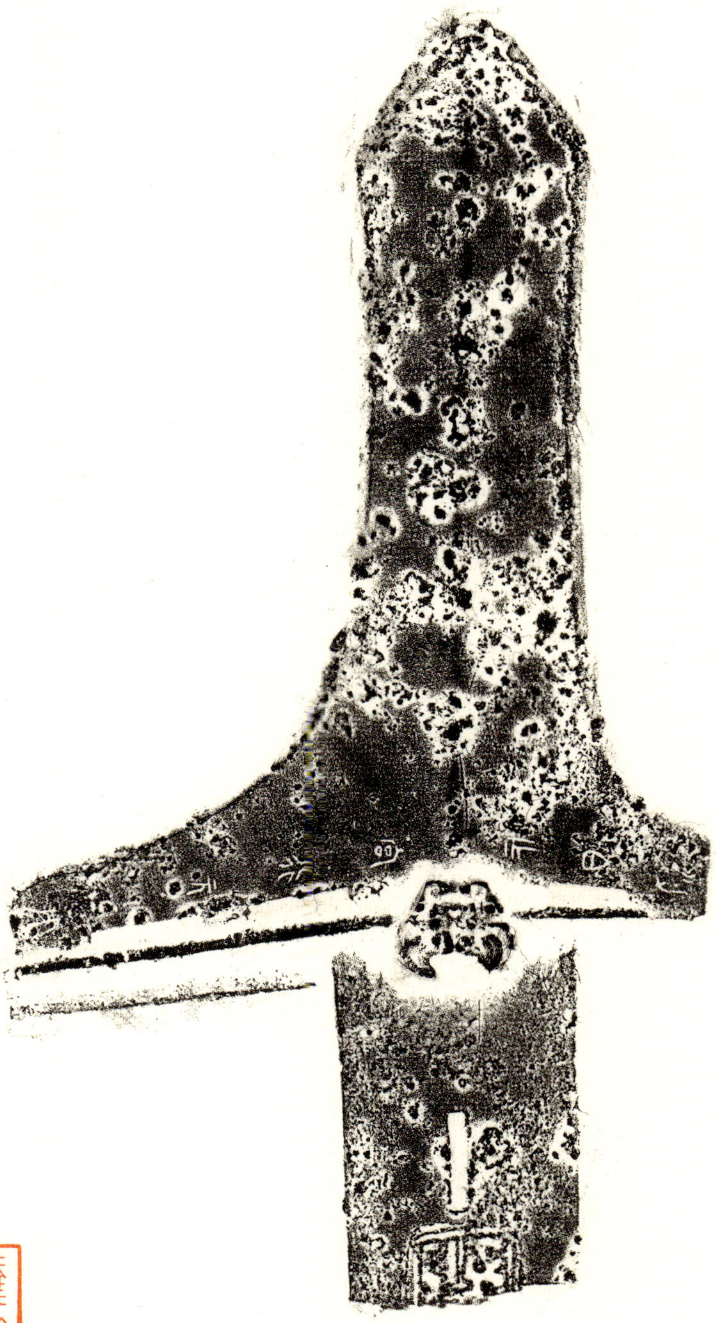

院藏信息

全形拓，登録號01027.1.28，一頁，鈐印：文字之福、簠齋古兵、平生有三代文字之好

全形拓，登録號00971.1.11，一頁，鈐印：簠齋古兵

附録

商梁伯戈

十六字，可辨者十字，柲有文，惜不完。

戈之精者無踰于此。

商器字有小此，此尤小。

鬼方作魃。

字小而至精。余定爲商伐鬼方時作，以中有鬼方字也。

昔以商器字爲大而疏散奇古者，今以此戈與祖庚乃孫毁，與吴清卿太史視學關中所得鳳翔出土乙亥方鼎字校之，則商器字不得以小疑之。

商文之古厚者人知之，瘦勁者人不知。

參見《簠齋金文題識》頁七五

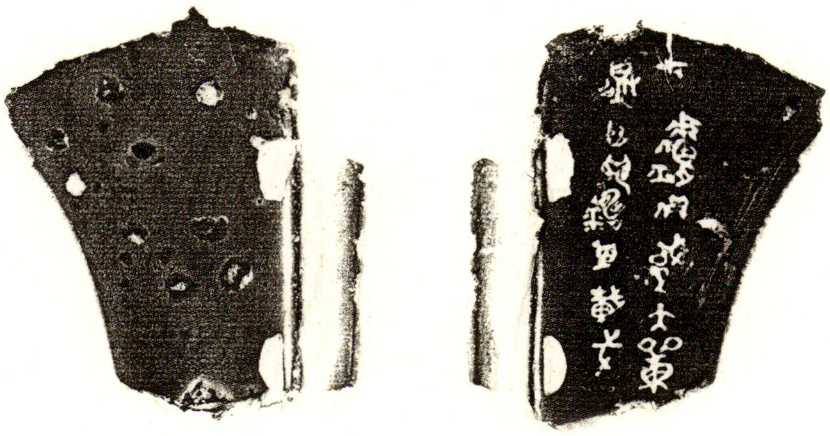

九

元 鏞用戈（殘） 01027.4.31

春秋早期

全形拓最大縱横5.5×4.6釐米（兩面同）

該器現藏：上海博物館

銘文字數：十二

《集成》著録編號：一一三三四

釋文

元 鏞用，戠（戴）大罾（酉）焨臣鑄其載戈。

院藏信息

全形拓，登録號01027.4.31，一頁，鈐印：簠齋古兵、海濱病史

全形拓，登録號00971.1.16，一頁，鈐印：簠齋古兵、萬印樓

附録

大罾戈殘胡

存十二字。

字小，似郘鱱編鐘。

此戈笵銅有鎔損字處，古器時有之。

山左土物。

參見《簠齋金文題識》頁七七

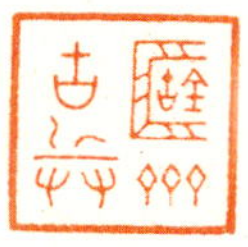

一〇

宋公差戈（殘） 01027.3.31

春秋晚期
全形拓最大縱横10.4×14.6釐米
銘文字數：十
《集成》著録編號：一一二八九

釋文

宋公差（佐）之所
賠（造）不易族戈

院藏信息

全形拓，登録號01027.3.31，一頁，鈐印：簠齋古兵、齊東陶父、平生有三代文字之好
全形拓，登録號00971.1.18，一頁，鈐印：簠齋古兵、齊東陶父、平生有三代文字之好

附録

宋元公戈
見《濟寧志》。
《史記》作元公佐，此作埶，可正萊今本之誤。元公元年，周景王十四年庚午也。
䝷即造，从貝，見三代古匋器。
葛嶧山在西，古文以爲嶧陽，《漢志》注也。丕陽即嶧陽與？族从㫃从矢，即族，丕陽族邳人也。《竹書》商外壬元年，㚧人邳人叛。《左氏》昭元年，商有㚧邳。定元年，奚仲遷於邳。邳，古宋地。
山左土物，出任城。光緒辛巳得之方子聑。
參見《簠齋金文題識》頁七八至七九

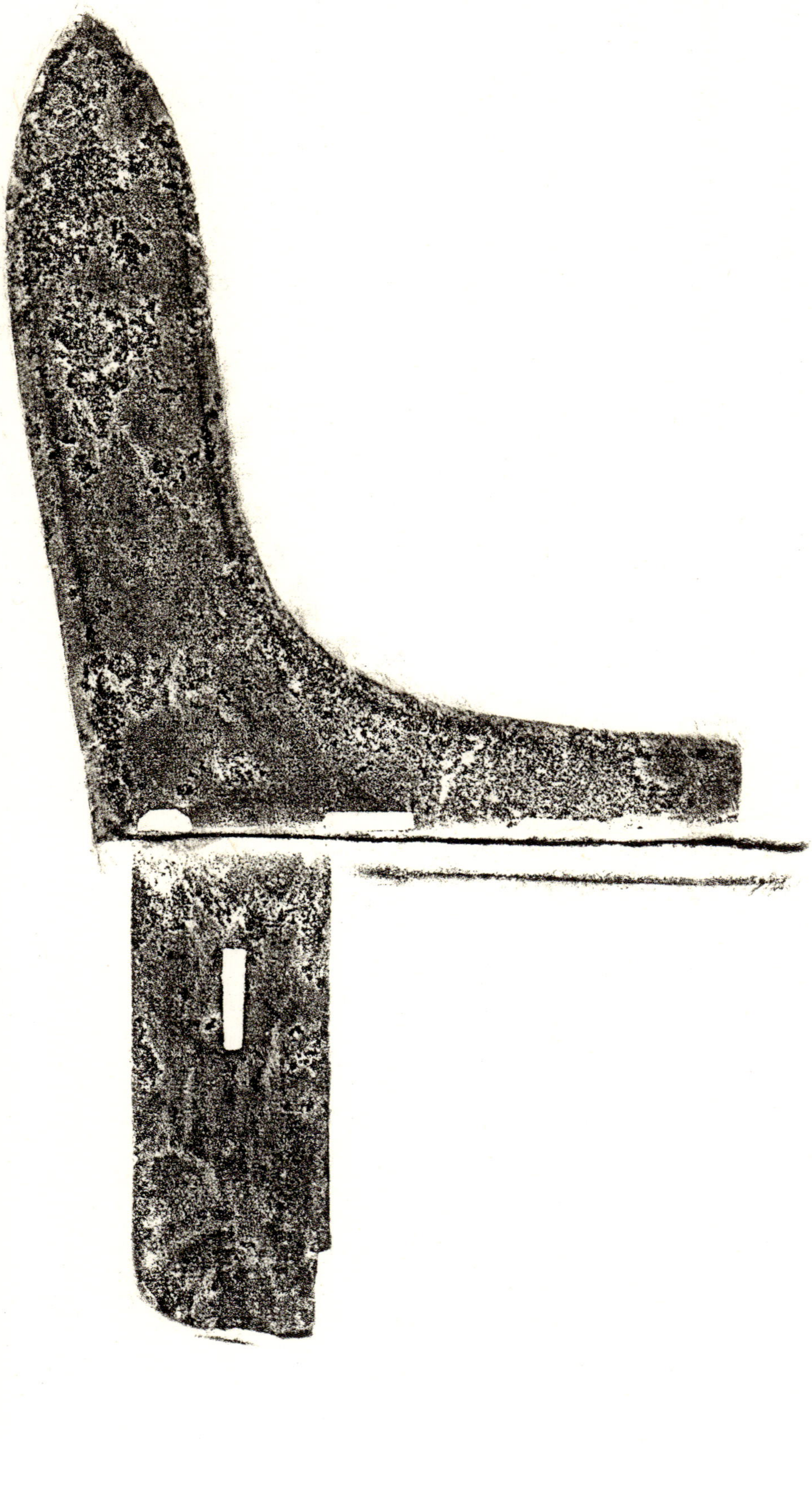

一一

平陽高馬里戈

01027.1.37

春秋晚期

全形拓最大縱横21.1×11釐米（兩面同）

銘文字數：六

《集成》著録編號：一一一五六

釋文

平陽高
馬里戈

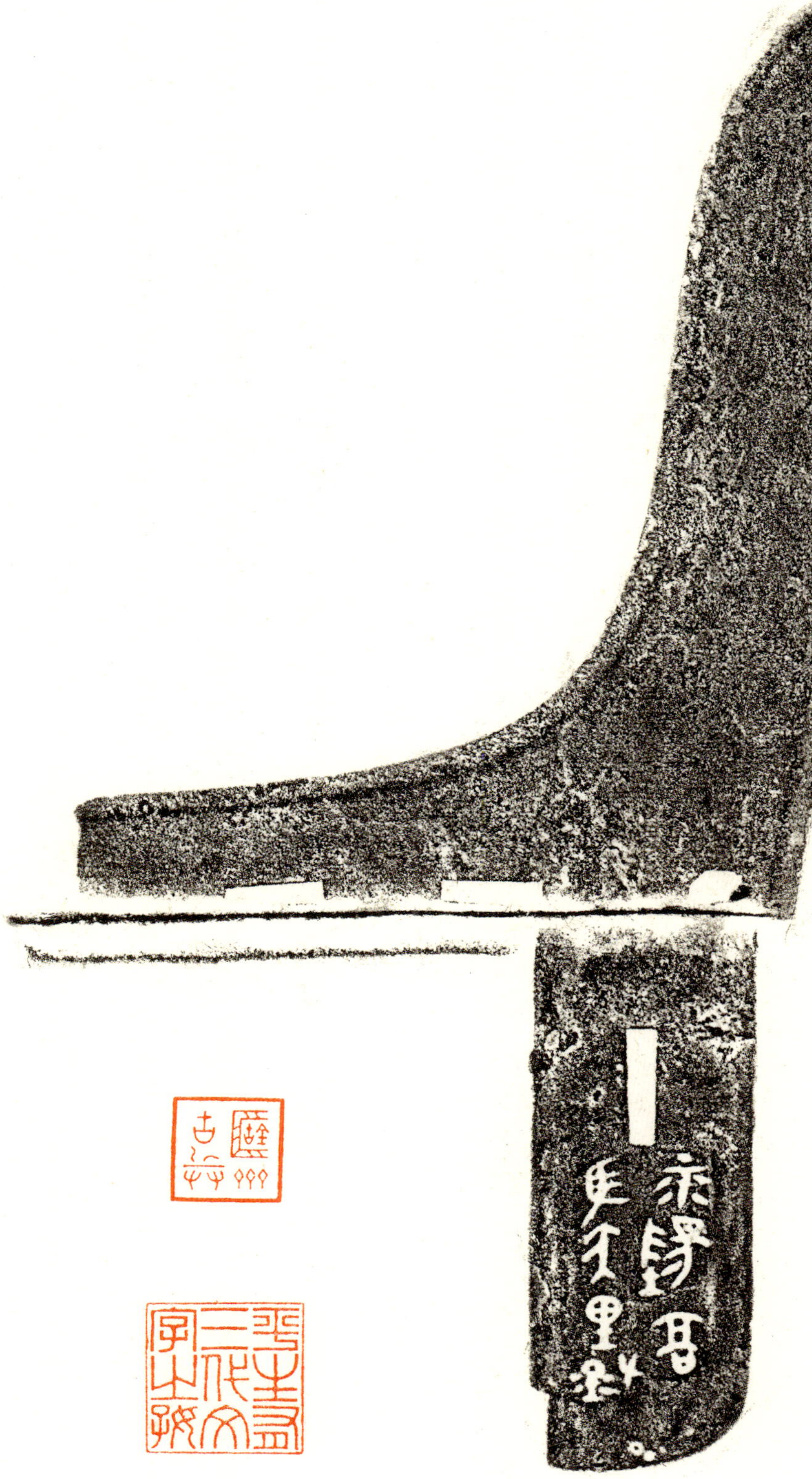

院藏信息

全形拓，登録號01027.1.37，一頁，鈐印：簠齋古兵、平生有三代文字之好

全形拓，登録號00971.1.22，一頁，鈐印：簠齋古兵、平生有三代文字之好

附録

平陽高駝里鈛戈
七字。
戈繁文从金，可補或篆。
山左土物。

參見《簠齋金文題識》頁八〇至八一

二三

羊子之造戈

01027.1.26

春秋晚期

全形拓最大縱横24.7×14.4釐米（兩面同）

該器現藏：上海博物館

銘文字數：五

《集成》著録編號：一一〇八九

釋文

羊子之艁（造）戈

院藏信息

全形拓，登録號01027.1.26，一頁，鈐印：簠齋古兵、海濱病史

全形拓，登録號00971.1.24，一頁，鈐印：簠齋古兵、平生有三代文字之好

附録

芋子戈

參見《簠齋金文題識》頁八一

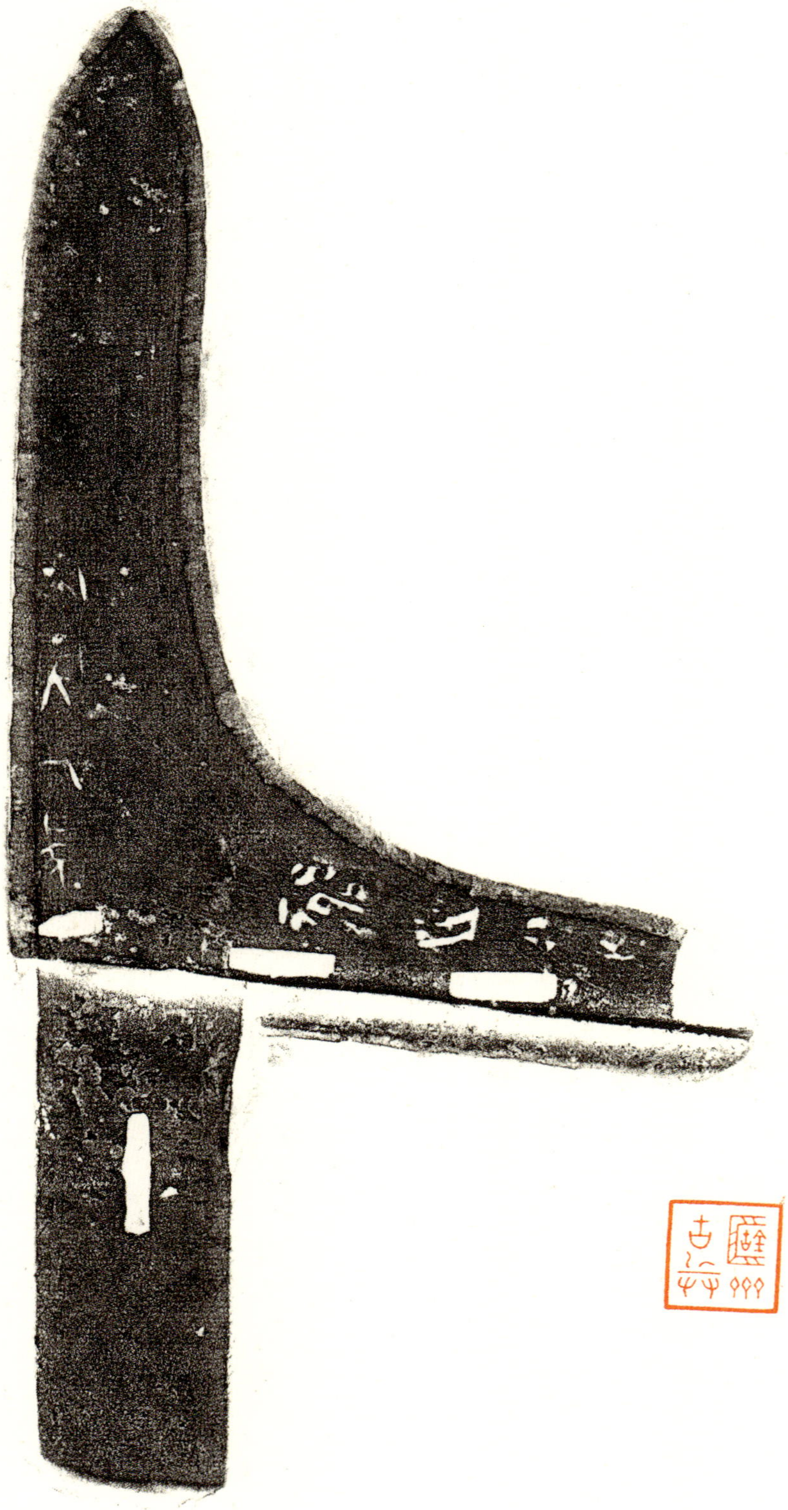

一三

内大攺戈

01027.1.19

春秋晚期

全形拓最大縱横20.3×9.3釐米（兩面同）

銘文字數：存五

《集成》著録編號：一一二〇三

釋文

内（芮）大攺□之造

（編者注：釋文據《商周青銅器銘文暨圖像集成》一六八二三和《國家圖書館藏陳介祺藏古器物拓本全編》第二四六頁校）

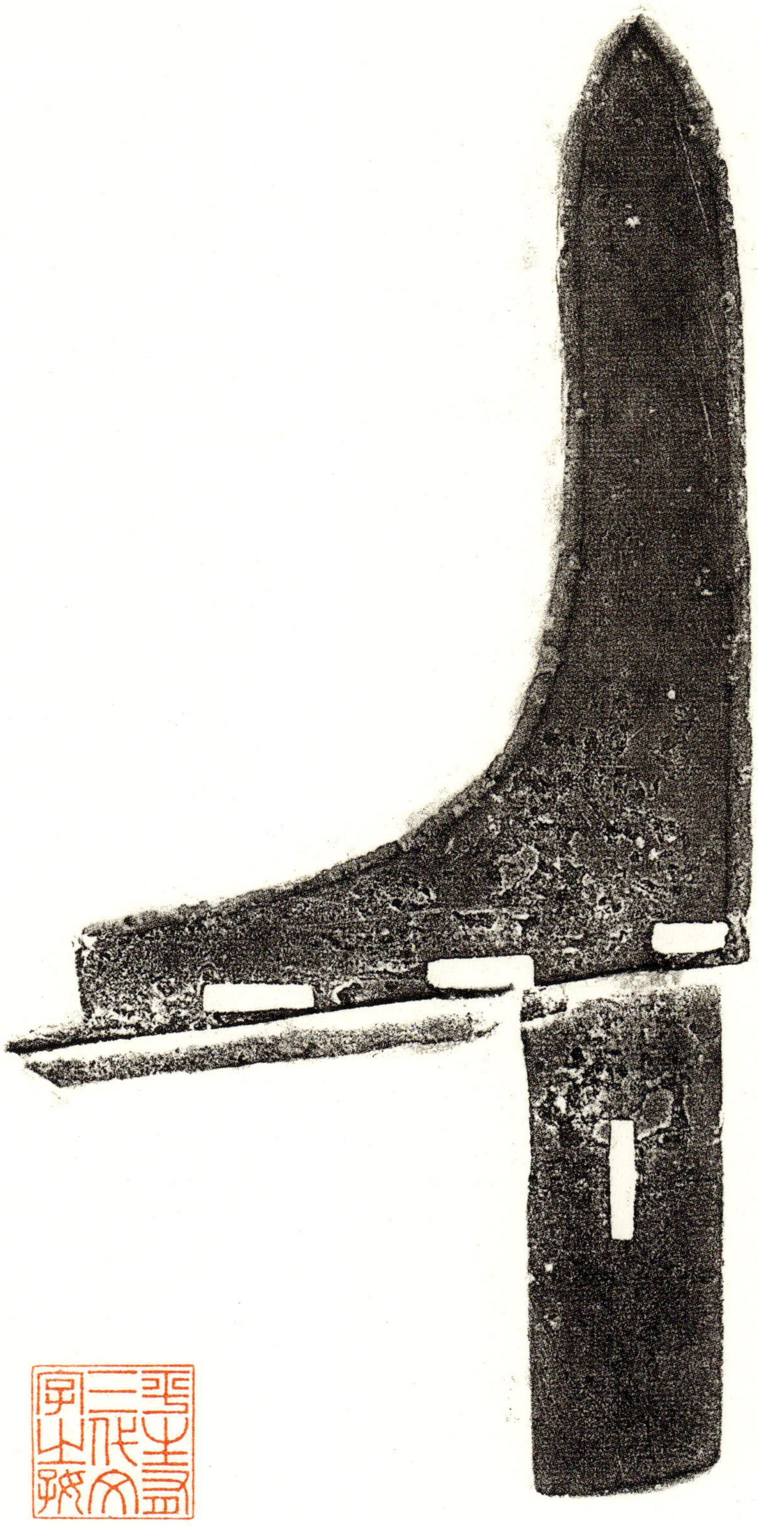

院藏信息

全形拓，登録號01027.1.19，一頁，鈐印：簠齋古兵、平生有三代文字之好

全形拓，登録號00971.1.34，一頁，鈐印：簠齋古兵、平生有三代文字之好

附録

[illegible]八字戈

八字。

惜用久，字淺不可辨。

山左土物。

參見《簠齋金文題識》頁八五

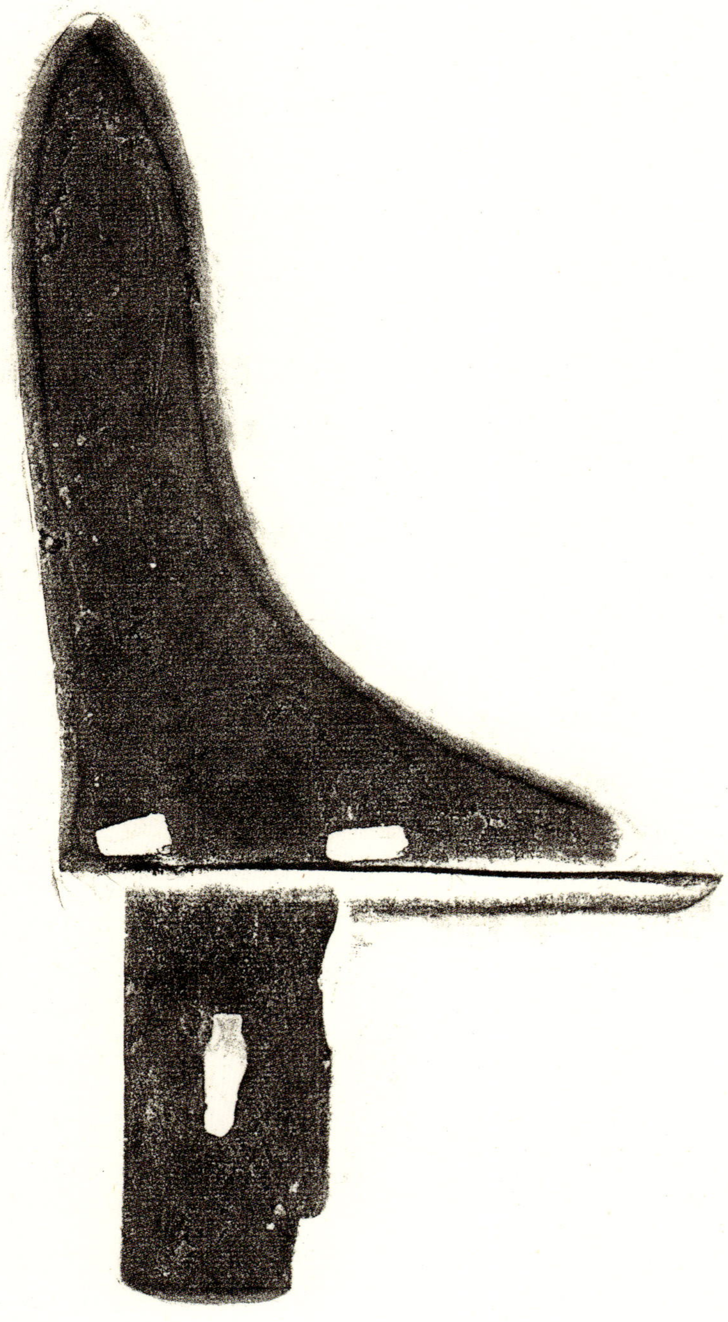

一四

子備⿰辛章戈

01027.1.18

春秋晚期

全形拓最大縱横17.7×9.2釐米（兩面同）

銘文字數：四

《集成》著録編號：一一〇二一

釋文

子備⿰辛章戈

院藏信息

全形拓，登録號01027.1.18，一頁，鈐印：簠齋古兵

全形拓，登録號00971.1.29，一頁，鈐印：簠齋古兵

一五

陳□戈（殘）01027.1.04

春秋晚期

全形拓最大縱橫19×5釐米（兩面同）

銘文字數：三

《集成》著録編號：一〇九六四

釋文

陳冢（？）邑

院藏信息

全形拓，登録號01027.1.04，一頁，鈐印：陳氏吉金、簠齋古兵

全形拓，登録號00971.1.38，一頁，鈐印：陳氏吉金、簠齋古兵

附録

陳圂（豢）邑殘戈

陳，田陳，此省土。圂，古豢字，从口繁文，或曰从豕。邑下字缺。山左土物。

參見《簠齋金文題識》頁八七

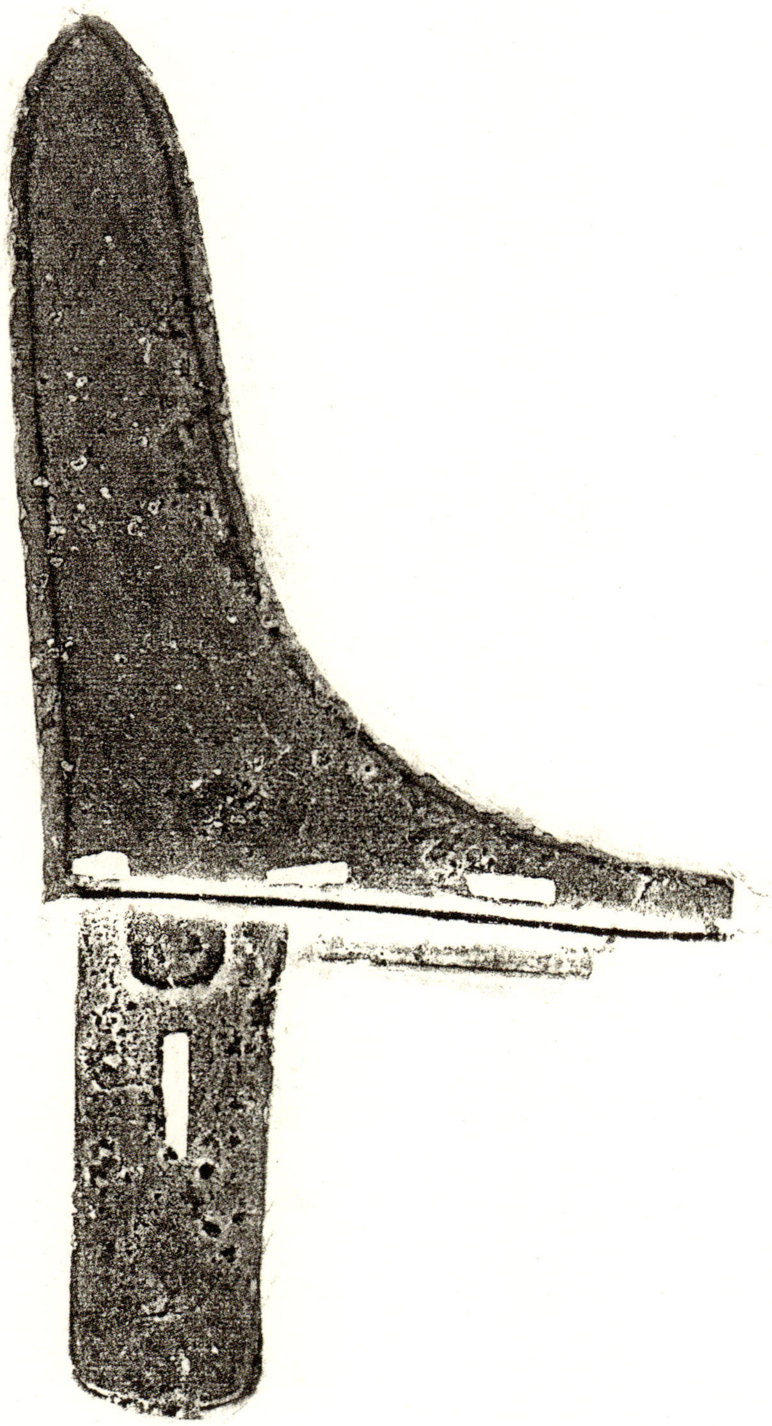

一六

陳散戈

01027.1.08

春秋晚期

全形拓最大縱橫19.2×9.7釐米（兩面同）

銘文字數：三

《集成》著録編號：一〇九六三

釋文

陳散戈

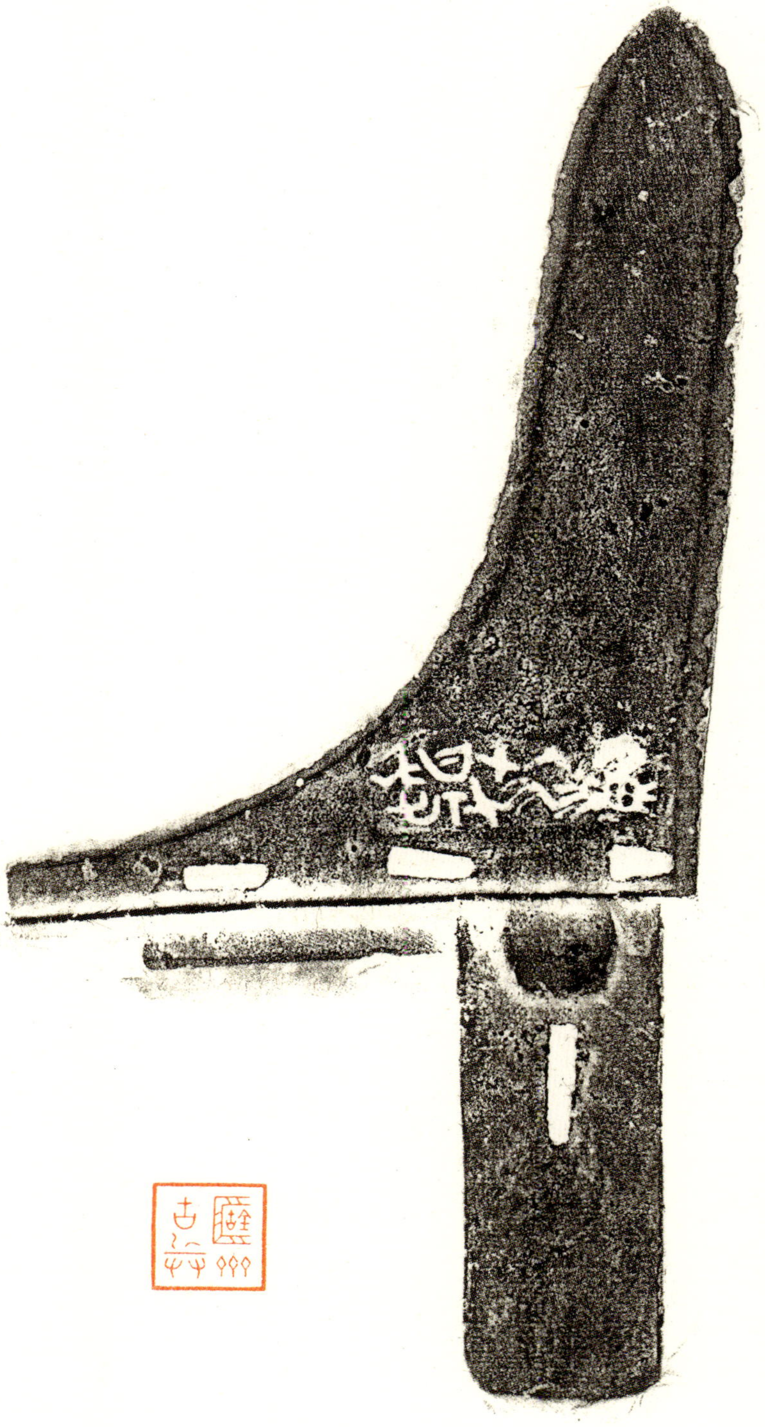

院藏信息

全形拓，登録號01027.1.08，一頁，鈐印：簠齋古兵

全形拓，登録號00971.1.46，一頁，鈐印：簠齋古兵

附録

墬[illegible]戈

二字。

山左土物。

田陳物。

參見《簠齋金文題識》頁八九至九〇

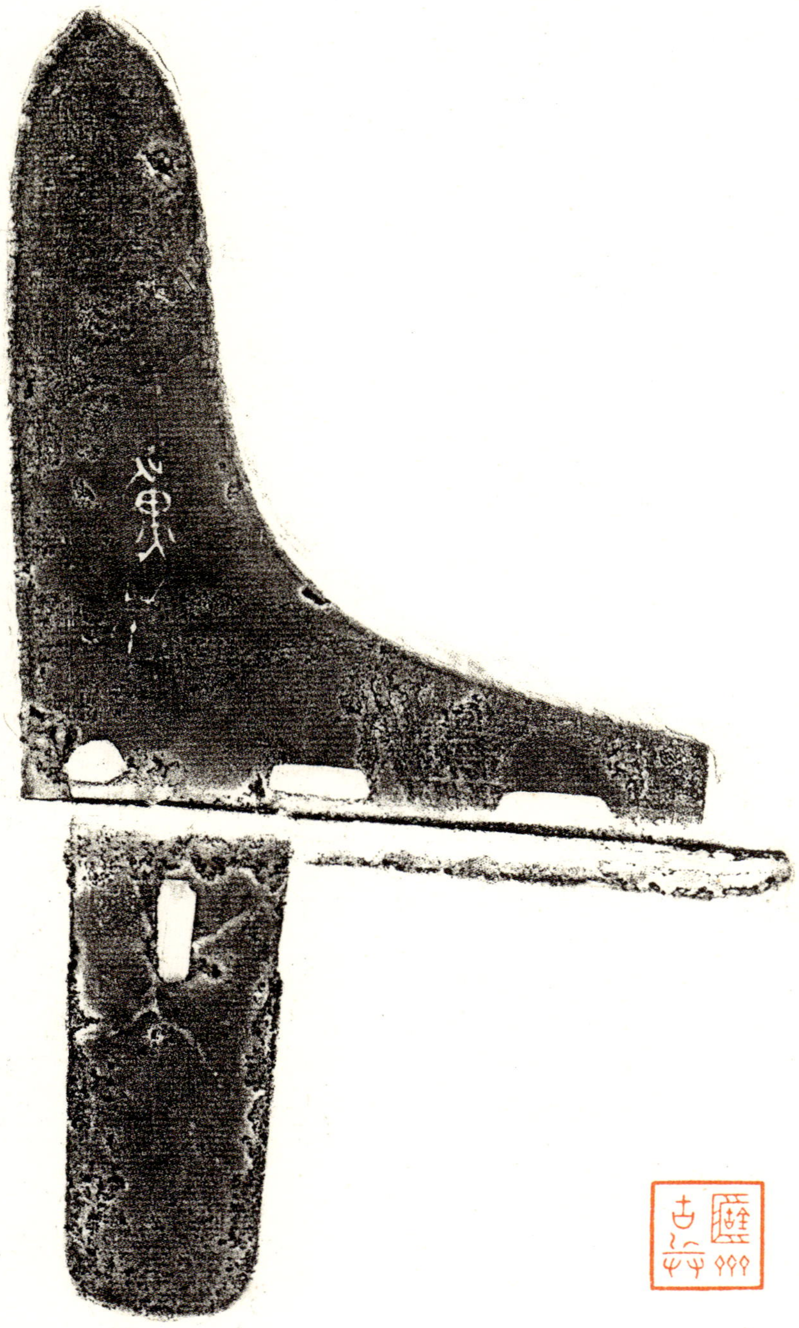

一七

黄戟

01027.1.10

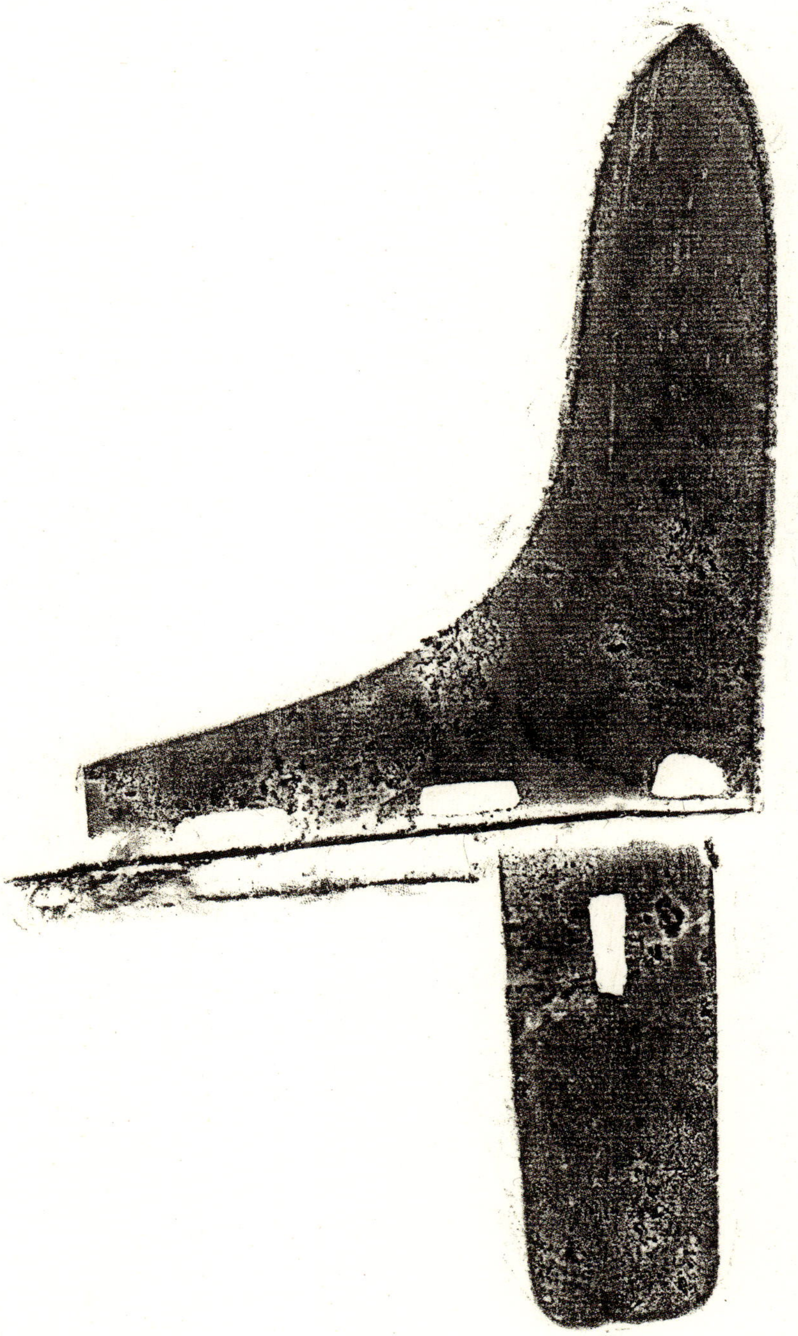

春秋晚期

全形拓最大縱橫18×10.4釐米（兩面同）

銘文字數：二

《集成》著録編號：一〇九〇一

釋文

黄𢦏（戟）

院藏信息

全形拓，登録號01027.1.10，一頁，鈐印：簠齋古兵

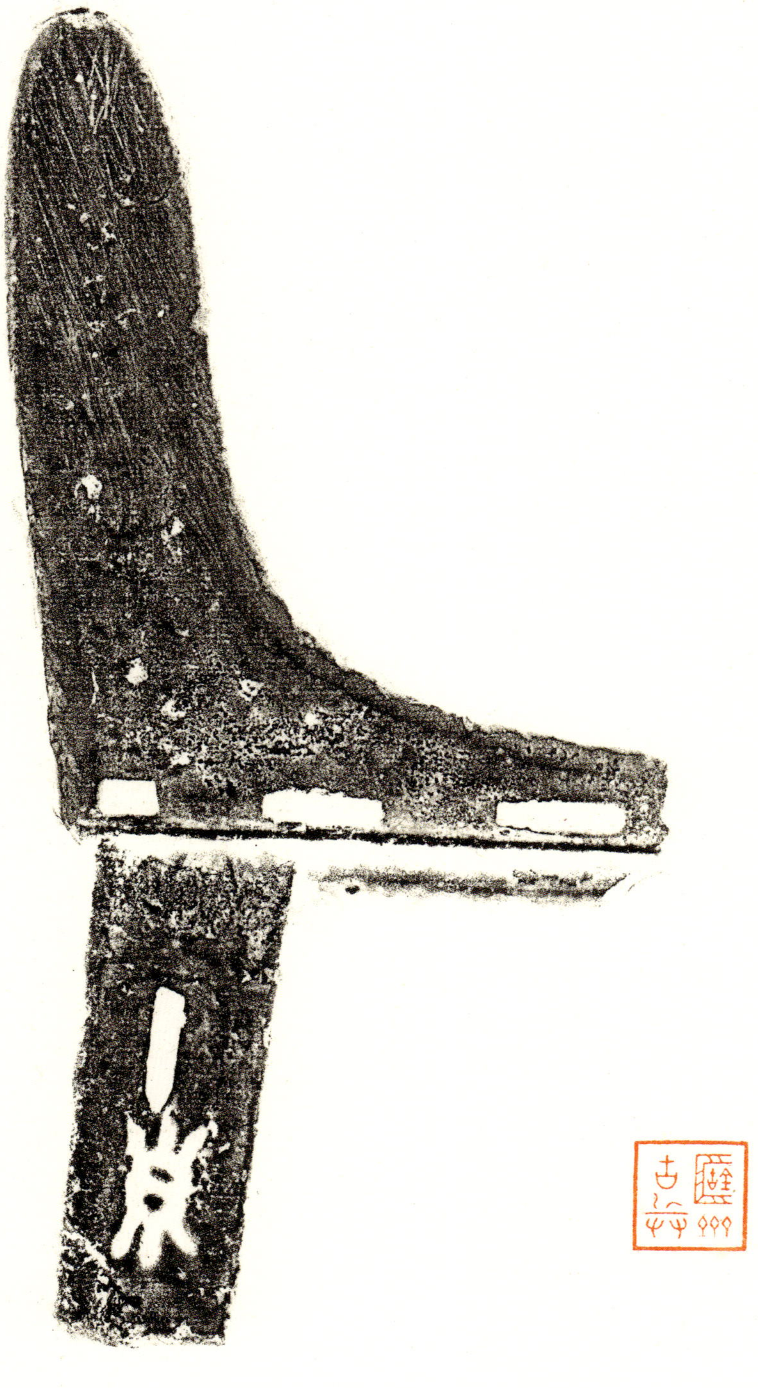

一八

□戈

01027.1.12

春秋晚期

全形拓最大縱横18.3×8.5釐米（兩面同）

銘文字數：一

《集成》著録編號：一〇八一一

釋文

□

院藏信息

全形拓，登録號01027.1.12，一頁，鈐印：簠齋古兵

全形拓，登録號00971.1.44，一頁，鈐印：簠齋古兵

附録

□（橐形）戈

一字。

□形無底而兩端束之。

與□父辛當是一人作。一即弓矢。

吴清卿釋□、隙古文，此似不从小。

齊出。

參見《簠齋金文題識》頁八八至八九

一九

高密戈（殘）01027.1.38

春秋

全形拓最大縱橫18.9×5.9釐米（兩面同）

銘文字數：四

《集成》著録編號：一一〇二三

釋文

高密戠（造）戈

院藏信息

全形拓，登録號01027.1.38，一頁，鈐印：簠齋古兵

全形拓，登録號00971.1.23，一頁，鈐印：簠齋古兵

附録

高密牿戈

四字。

造从戈，奇。

孔府有上高密造戈，誤分密爲二字，此可爲一字之證。

上者，所以別于下密。

參見《簠齋金文題識》頁八一

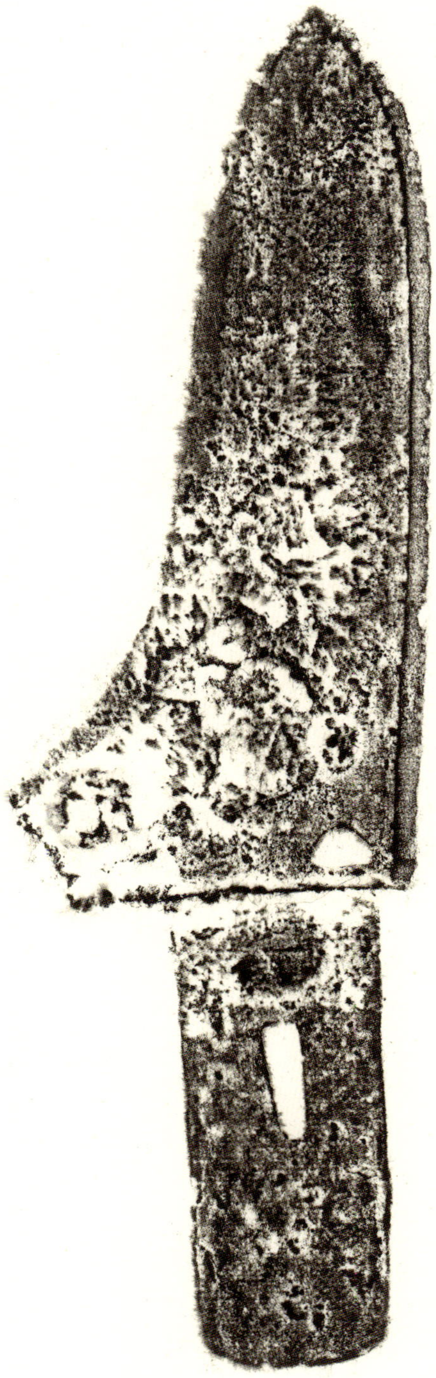

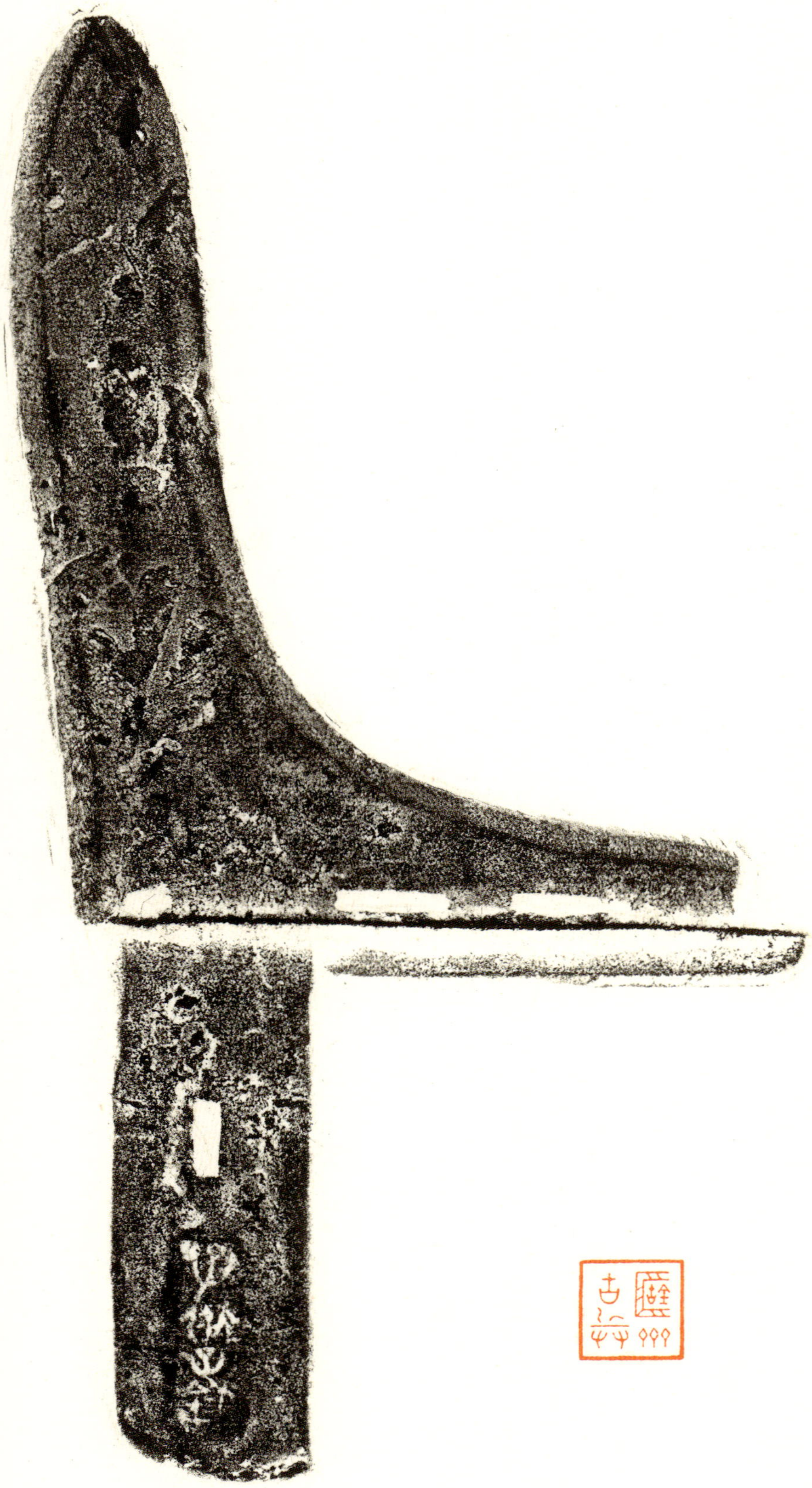

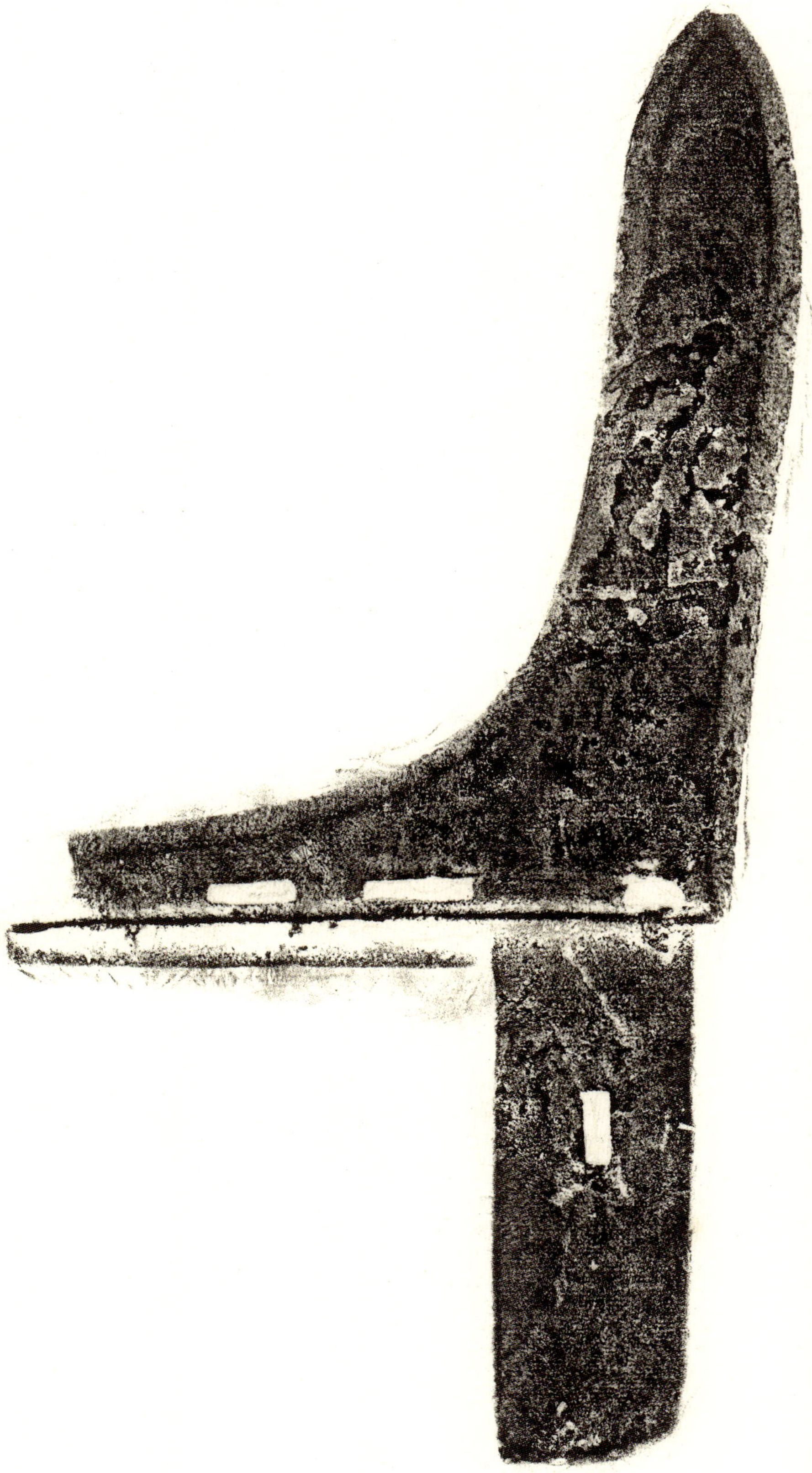

二〇

子遘子造戈

01027.1.15

春秋

全形拓最大縱橫22.1×11.3釐米（兩面同）

銘文字數：四

釋文

子遘子造

院藏信息

全形拓，登録號01027.1.15，一頁，鈐印：簠齋古兵

全形拓，登録號00971.1.39，一頁，鈐印：簠齋古兵

附録

子遘子造戈

四字。

山左土物。

參見《簠齋金文題識》頁八三

二一

莀造戈（殘） 01027.4.28

春秋

全形拓最大縱横12.5×7.1釐米（兩面同）

銘文字數：三

《集成》著録編號：一〇九六二

釋文

莀戠（造）戈

院藏信息

全形拓，登録號01027.4.28，一頁，鈐印：簠齋古兵

全形拓，登録號00971.1.30，一頁，鈐印：簠齋古兵

附録

[illegible]（不完）戠□殘戈

□字，字大。

戈出土存三片，唯「戠」字完。

參見《簠齋金文題識》頁八三

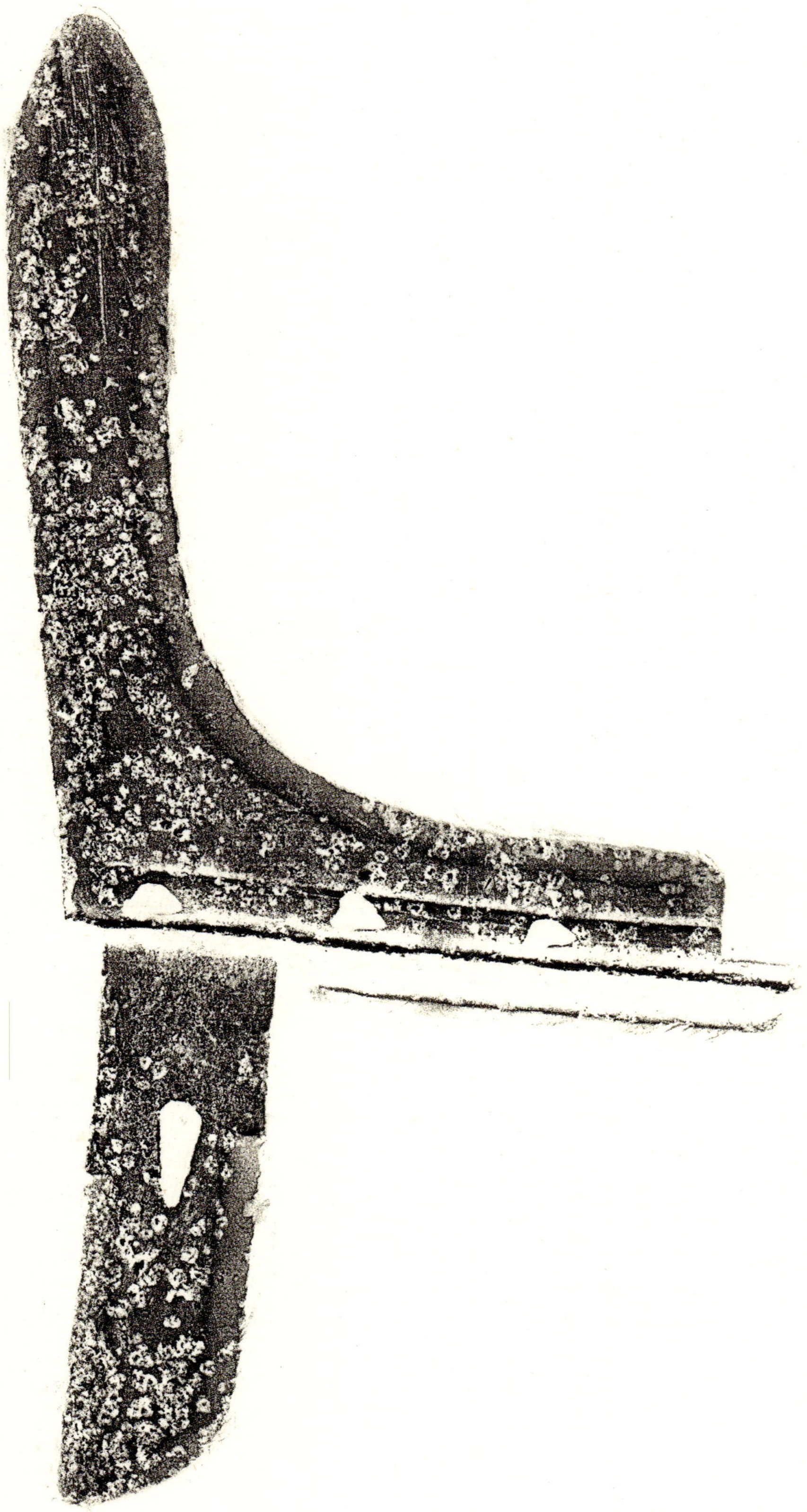

二三

二年戈

01027.1.48

戰國早期

全形拓最大縱橫21.9×11.8釐米（兩面同）

銘文字數：十七（又合文一）

《集成》著録編號：一一三六四

釋文

二年，宔（主）父攻（工）正明我

左工師鄔許、馬重（童）丹所爲。

虎奔（賁）

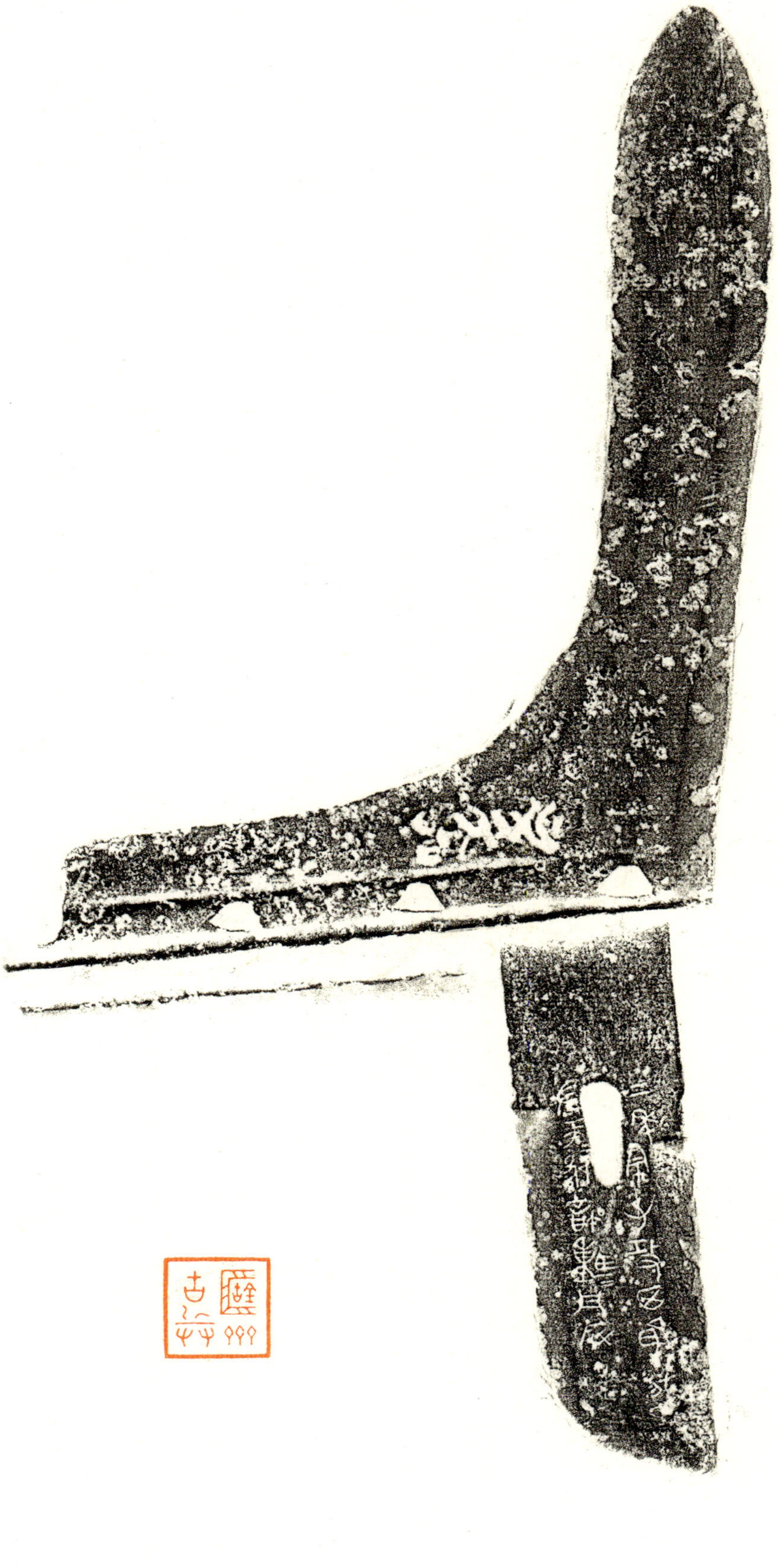

院藏信息

全形拓，登録號01027.1.48，一頁，鈐印：簠齋古兵

全形拓，登録號00971.1.13，一頁，鈐印：簠齋古兵

全形拓，登録號00995.5.19，一開

全形拓，登録號440238.4.28，一頁

附録

二年群子戈

以下三戈皆有秊字，當是一國所造。

鑿十六字，第三字群，六其，十一馬，見印，十五丹；鑄一字，蛟篆，在胡，甚古，蓋古戈後加鑿字。兑之戈，成王時尚寶之，此或同與？兑之戈即古戈。

與蛟篆壺文相似，疑是古戈鑄款後又鑿款。

齊出。

參見《簠齋金文題識》頁七六

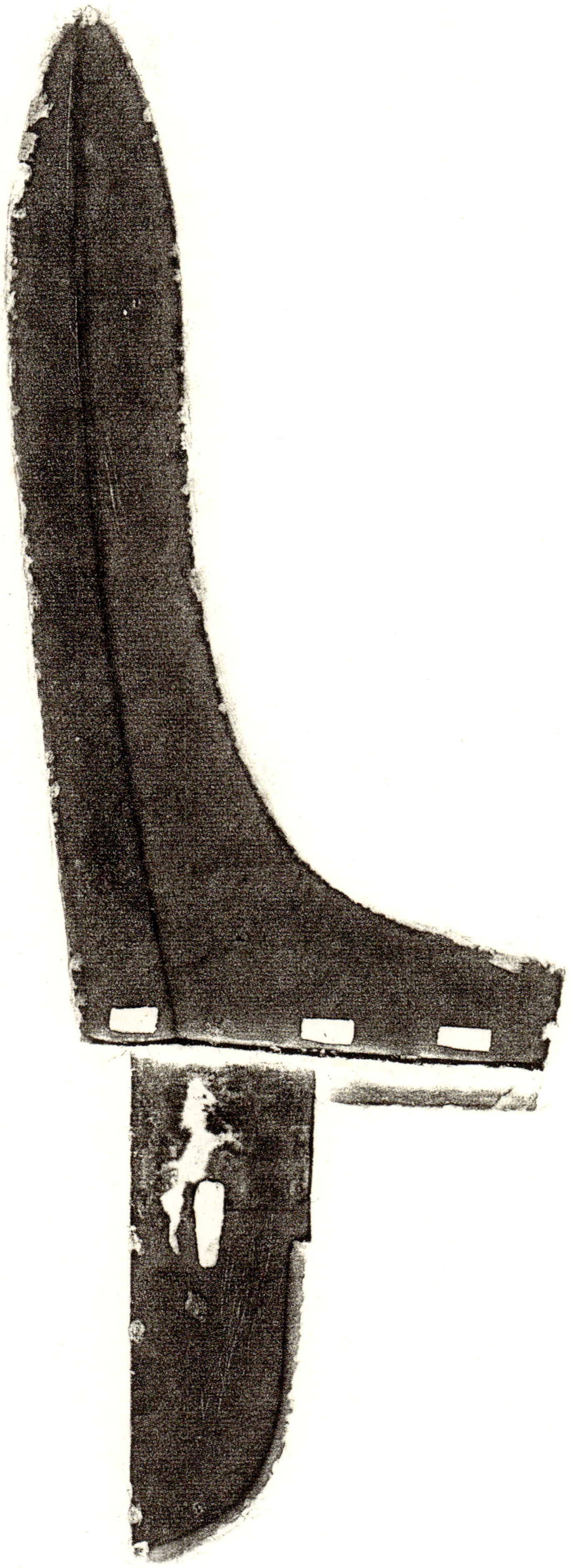

二三
仕斤徒戈
01027.1.35

戰國早期

全形拓最大縱横25.5×9釐米（兩面同）

銘文字數：四

《集成》著録編號：一一〇四九

釋文

仕斤徒戈

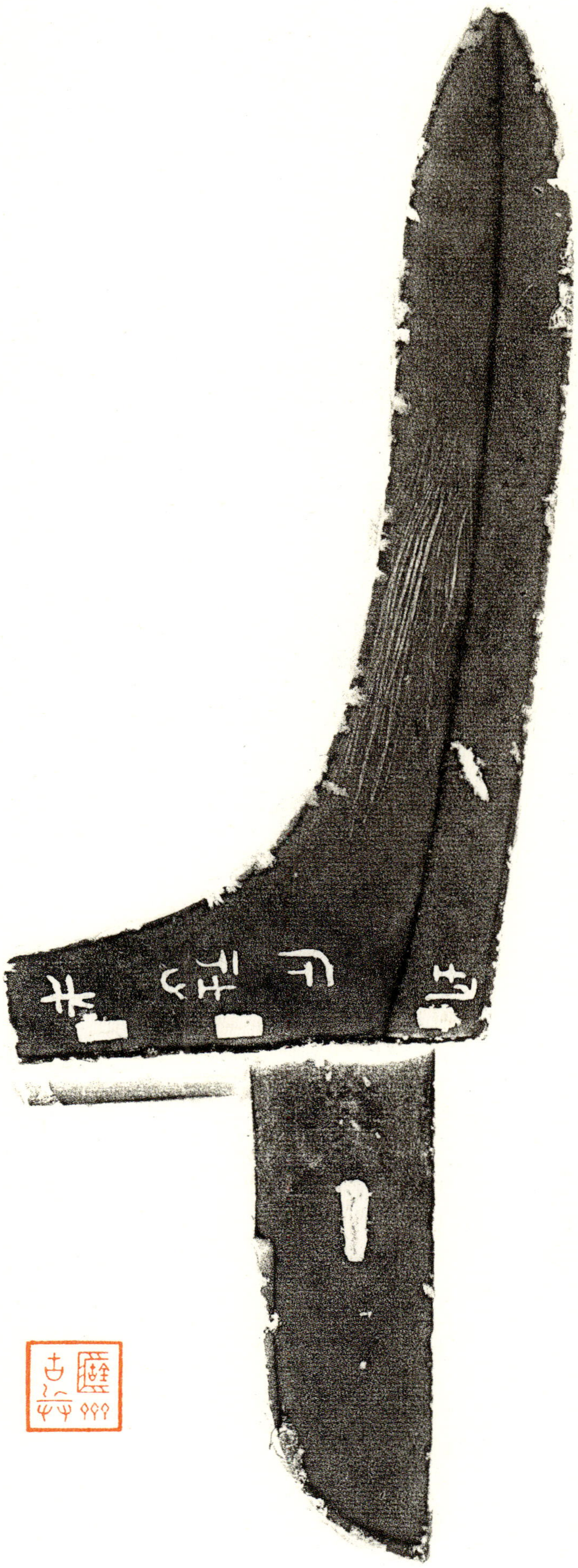

院藏信息

全形拓，登録號01027.1.35，一頁，鈐印：簠齋古兵

全形拓，登録號00971.1.28，一頁，鈐印：簠齋古兵

全形拓，登録號00995.5.22，一開

全形拓，登録號44238.4.31，一頁

附録

[illegible]斤徒戈

四字。

翟文泉年丈賜物，後又得一齊出銅合符鉤，文曰圭斤斤戈，余謂[illegible]从有，人有土，與圭之省寸，並是封字，封㕦自是人名。山左土物。

參見《簠齋金文題識》頁八二

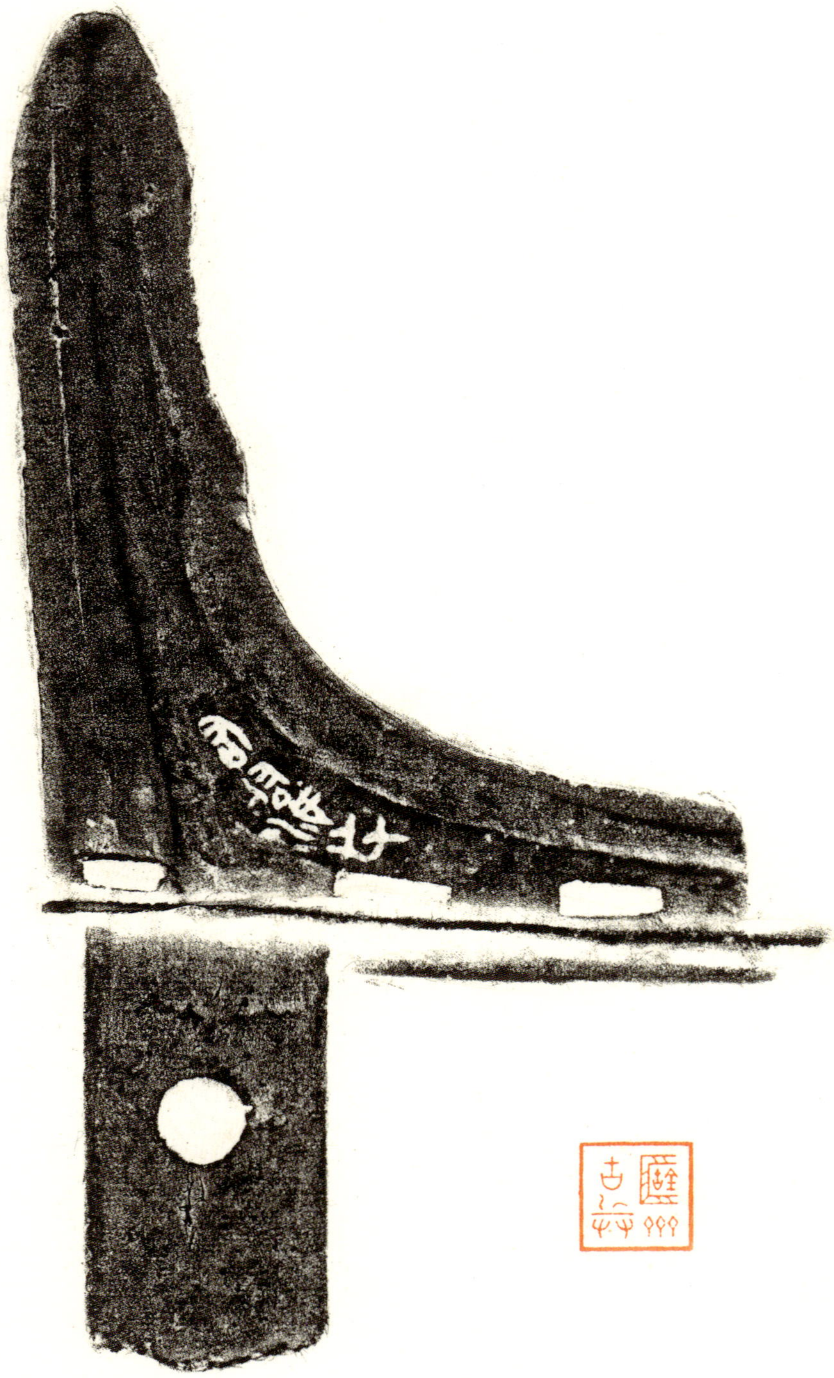

二四

右濯戈

01027.1.13

戰國早期

全形拓最大縱横18.9×10.7釐米（兩面同）

銘文字數：三

《集成》著録編號：一〇九七八

釋文

右濯戈

院藏信息

全形拓，登録號01027.1.13，一頁，鈐印：簠齋古兵、齊東陶父

全形拓，登録號00971.1.41，一頁，鈐印：簠齋古兵、平生有三代文字之好

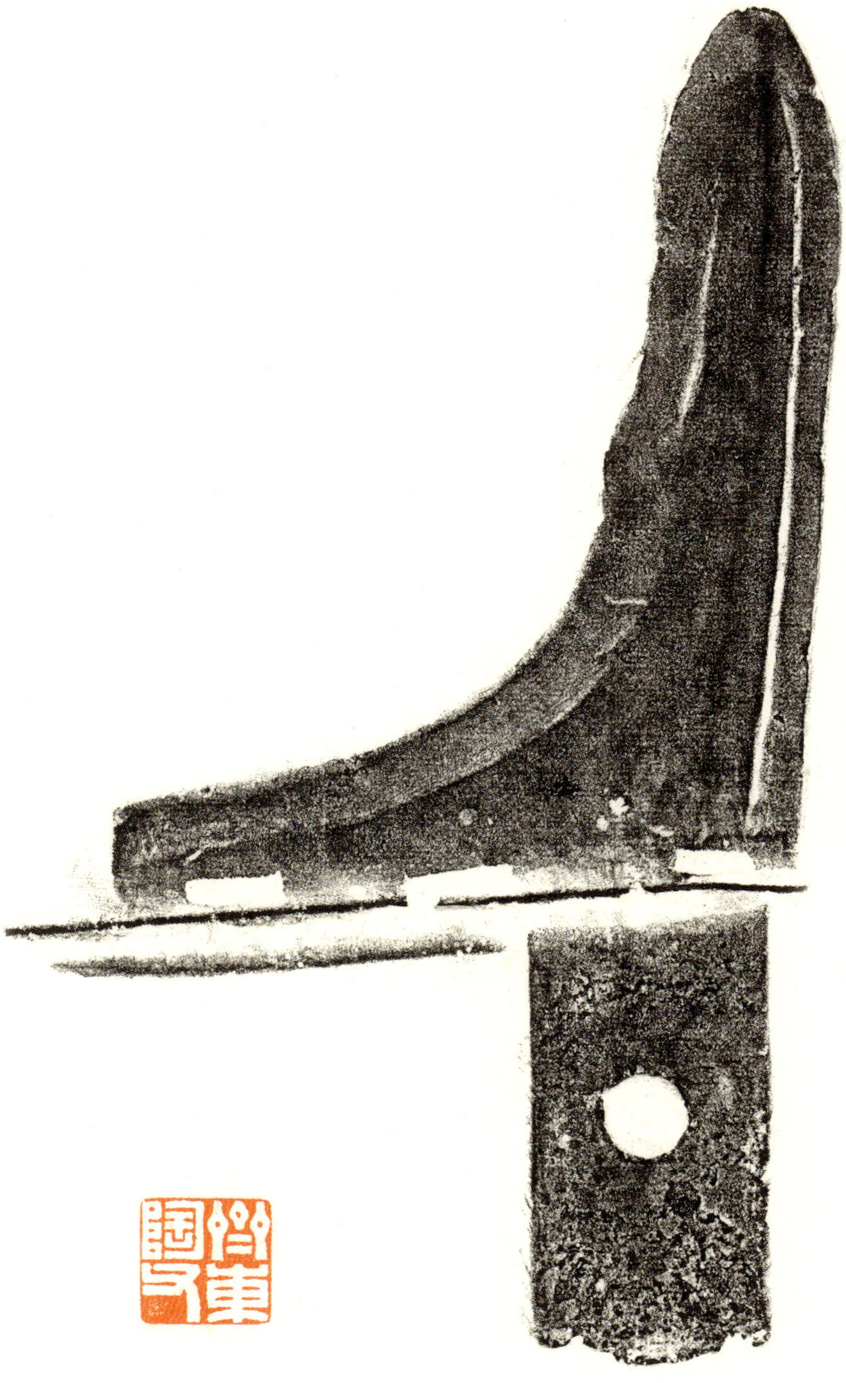

附録

右濯作戈

濯，水名。

《爾雅》濯，大也。《方言》荆吴楊甌之郊曰濯，濯，大也。

《漢書·司馬相如傳》上濯鷁牛首，注：濯者，所以刺船也。又《劉屈氂傳》，又發輯濯士，注：短曰輯，長曰濯。櫂，《史記》通濯，《劉屈氂傳》集注，濯亦作櫂。《文選》江文通詩：倚棹泛涇渭，注：棹與櫂同。

此戈或舟中所用。

山左土物。

參見《簠齋金文題識》頁八七至八八

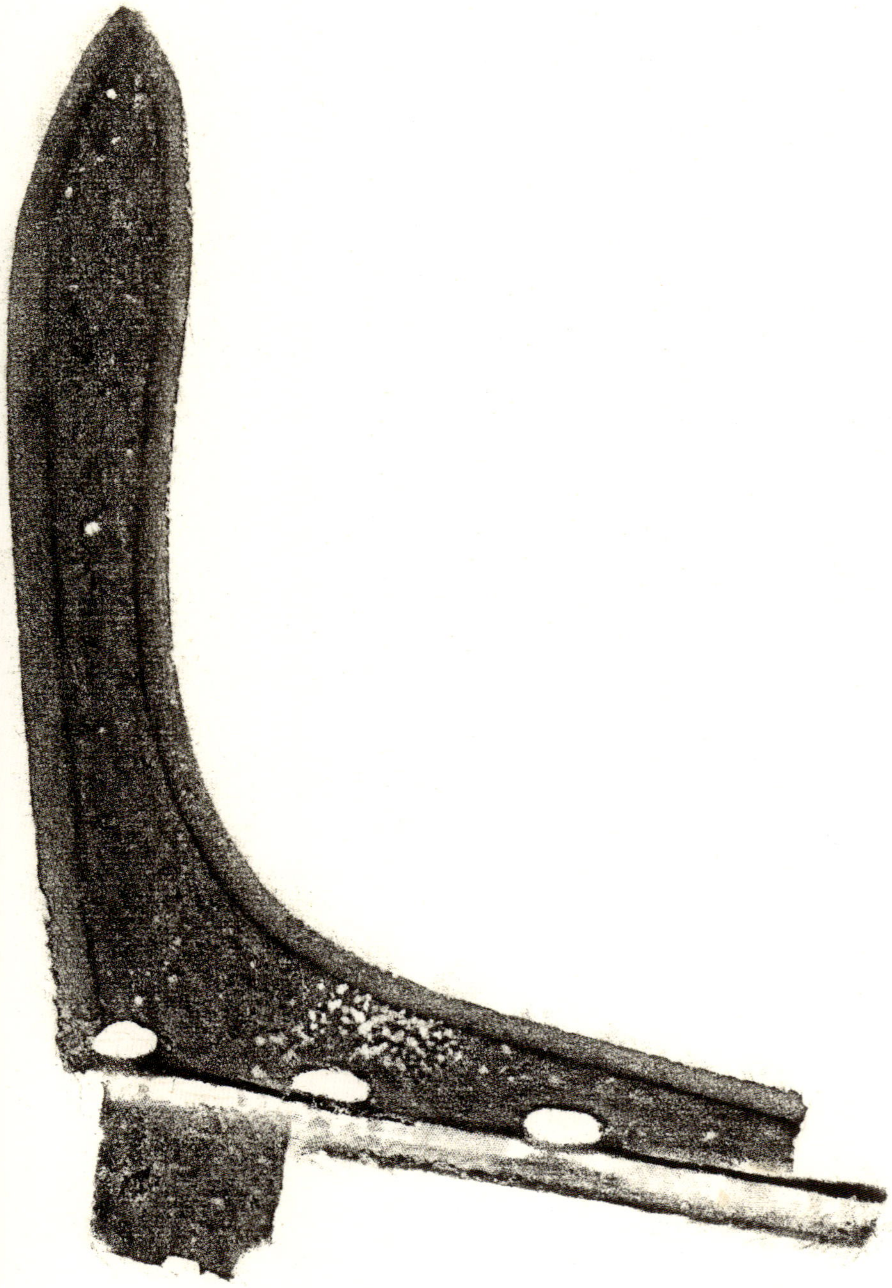

二五

皇宮左戈（殘）01027.1.23

戰國早期

全形拓最大縱横17.5×12釐米（兩面同）

銘文字數：三

《集成》著録編號：一〇九八三

釋文

皇宮左

（編者注：釋文據《商周青銅器銘文暨圖像集成》一六五六二和《國家圖書館藏陳介祺藏古器物拓本全編》第一五九頁校）

院藏信息

全形拓，登録號01027.1.23，一頁，鈐印：簠齋古兵

全形拓，登録號00971.1.40，一頁，鈐印：簠齋古兵

附録

皇邑左戈

三字。

山左土物。

參見《簠齋金文題識》頁八七

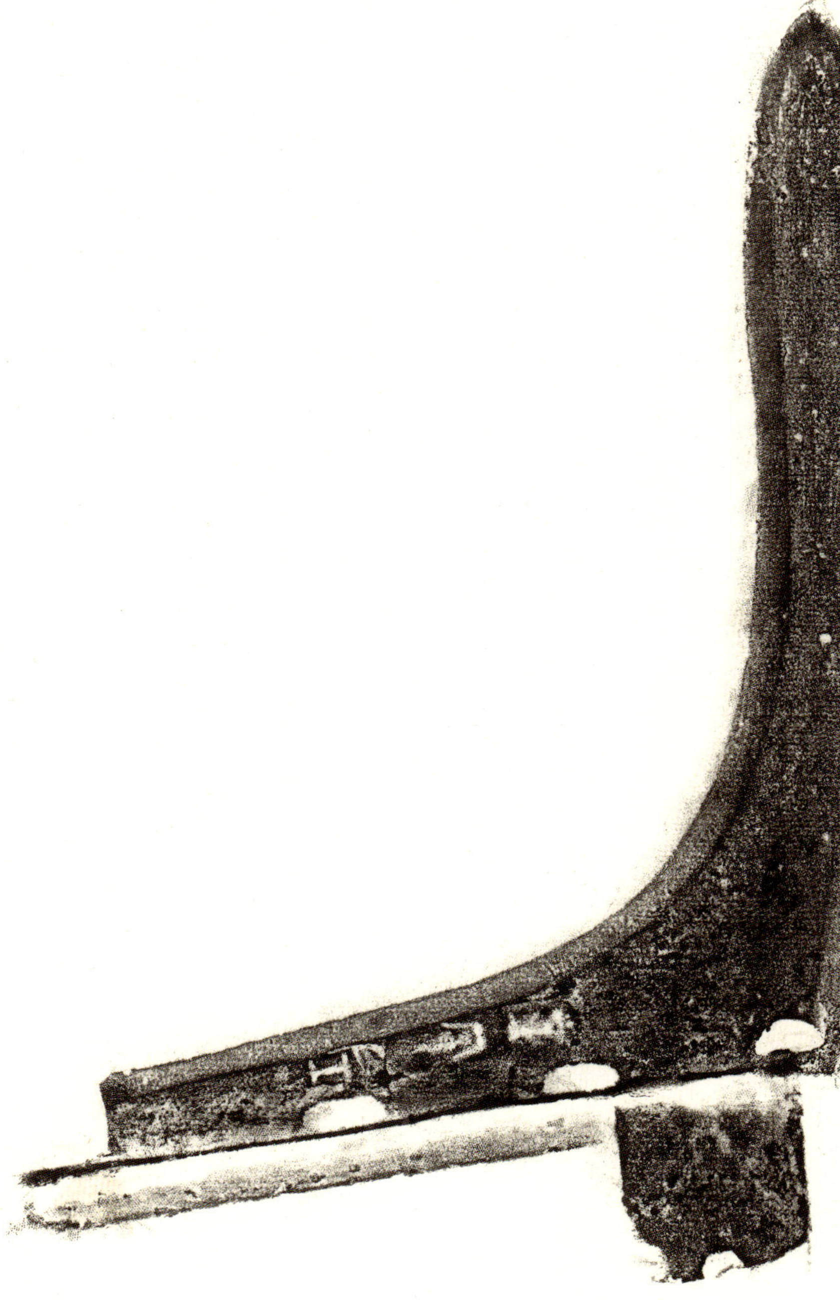

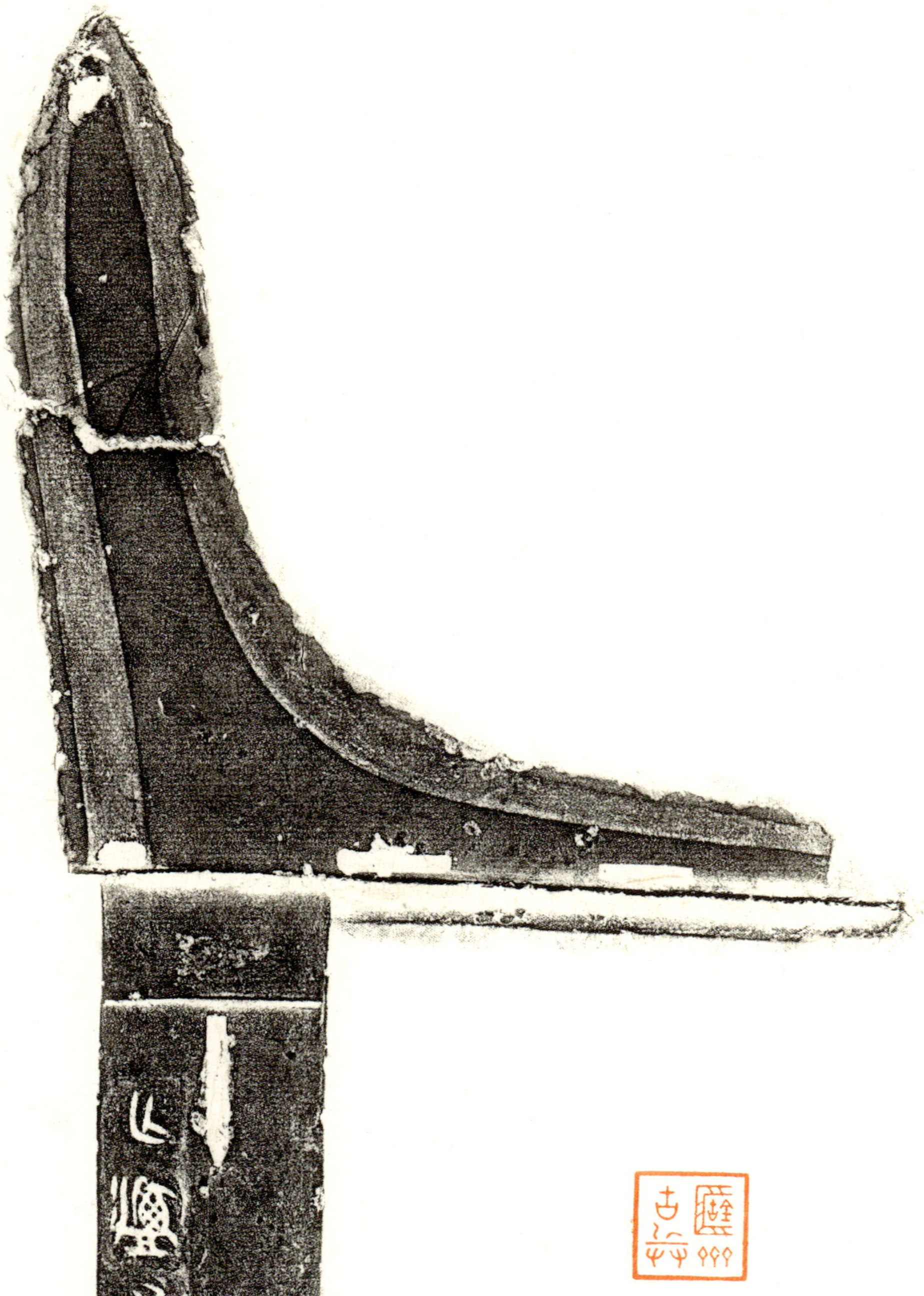

二六

亡瀘右戈 01027.1.46

戰國早期

全形拓最大縱横18.8×11.9釐米（兩面同）

銘文字數：三

《集成》著録編號：一〇九七五

釋文

亡瀘（鹽）右

（編者注：釋文據《商周青銅器銘文暨圖像集成》一六五六八和《國家圖書館藏陳介祺藏古器物拓本全編》第二三二頁校）

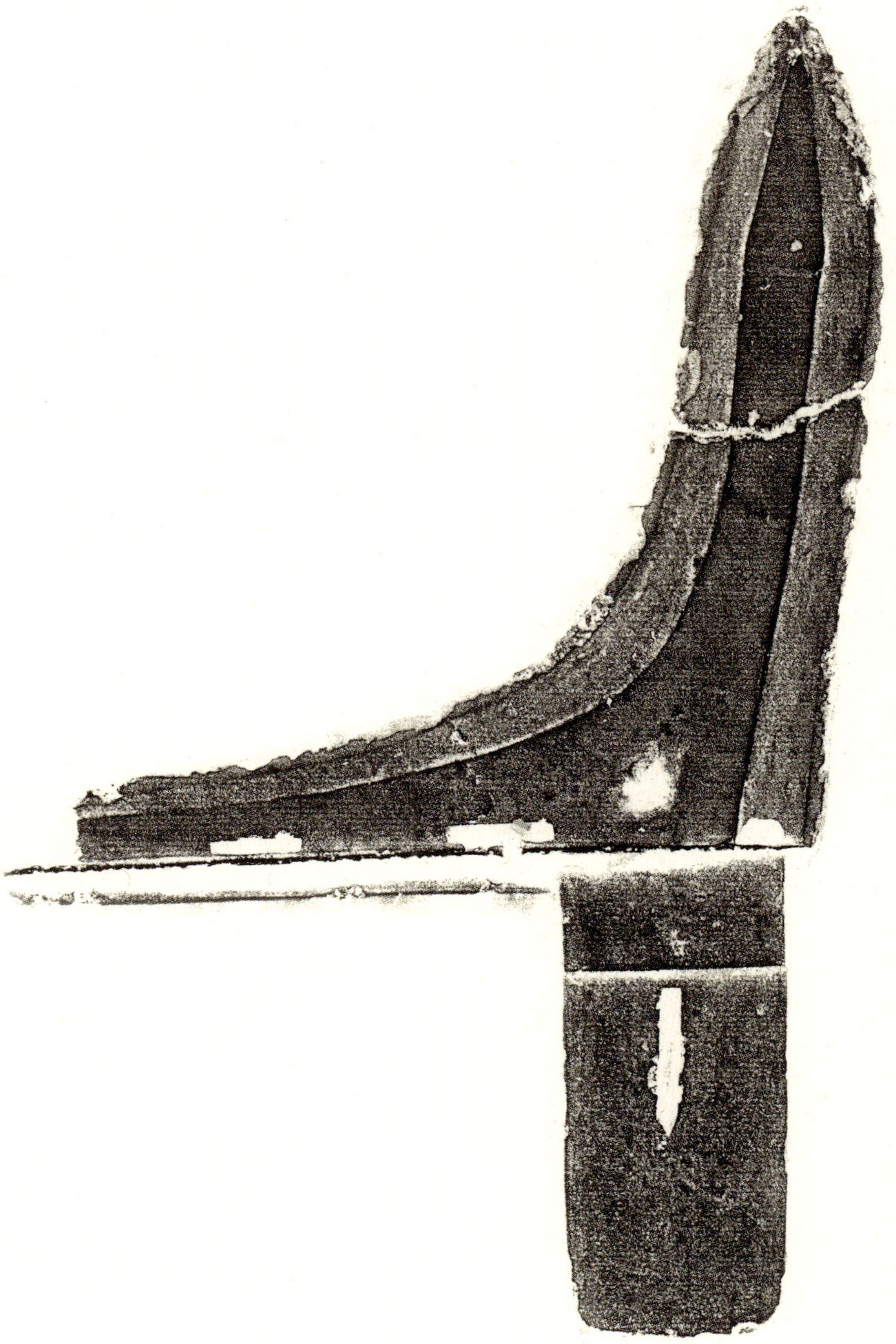

院藏信息

全形拓，登録號01027.1.46，一頁，鈐印：簠齋古兵

全形拓，登録號00971.1.27，一頁，鈐印：簠齋古兵

附録

作⿱洒皿右戈

三字。

巨省乚，手也。⺊，矩也。⿱洒皿从洒从皿，自是水名、地名。

山左土物。

參見《簠齋金文題識》頁八二

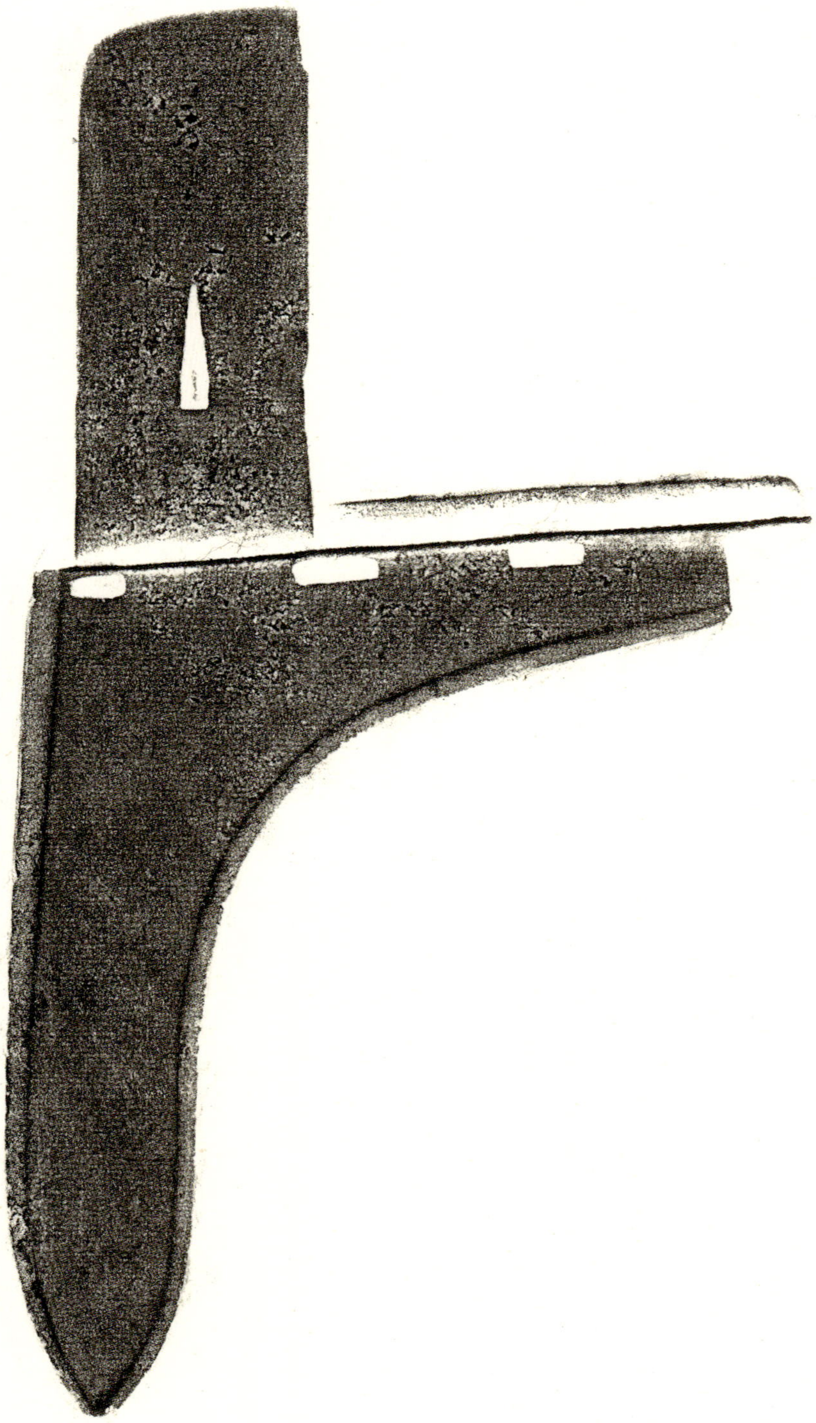

二七

垔戈

01027.1.11

戰國早期

全形拓最大縱横19.3×10.4釐米（兩面同）

銘文字數：一

《集成》著録編號：一〇八二四

釋文

垔

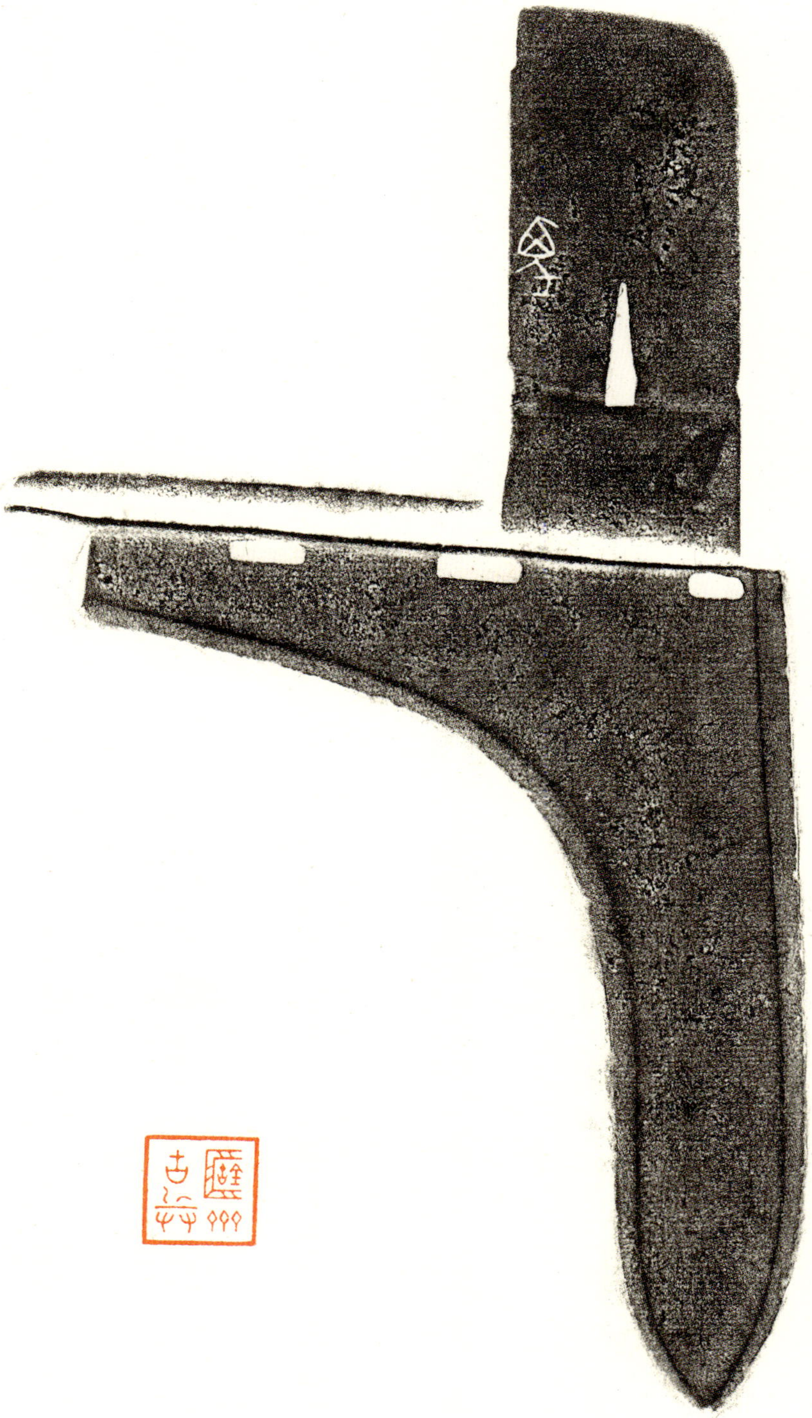

院藏信息

全形拓，登録號01027.1.11，一頁，鈐印：簠齋古兵

全形拓，登録號00971.1.45，一頁，鈐印：簠齋古兵

附録

垔戈

一字。

垔囟，地名，堙古文作垔，此从壬，壬聲與？

《説文》鄄，衛地，今濟陰鄄城。襄十四年《傳》杜云：鄄，衛地。《漢志》濟陰郡有鄄城。

山左土物。

參見《簠齋金文題識》頁八九

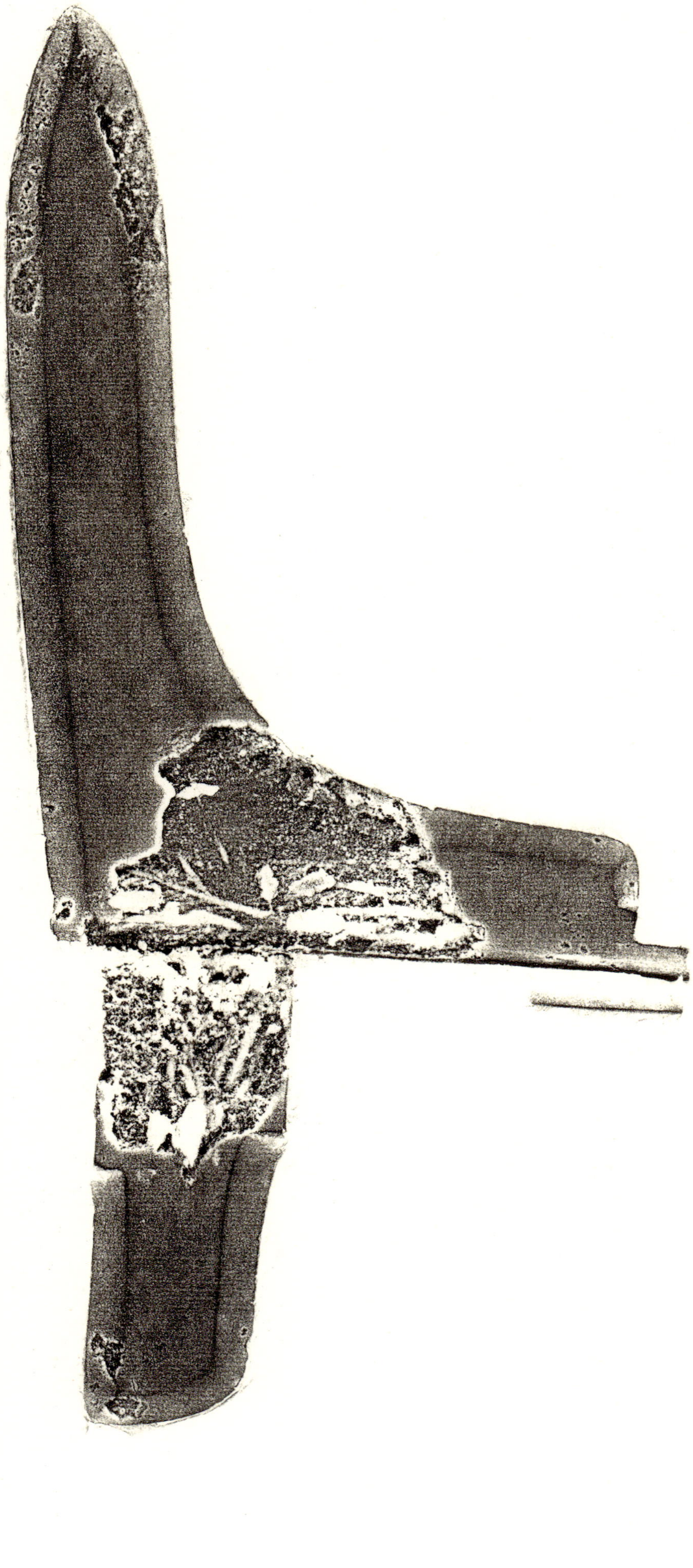

二八

卅三年業令戈 01027.1.49

戰國中期

全形拓最大縱橫24.5×11釐米（兩面同）

銘文字數：存十二（又合文一）

《集成》著録編號：一一三一二

釋文

卅三年，業（鄴）竛（令）冞（裼），左庫工師臣，冶山。

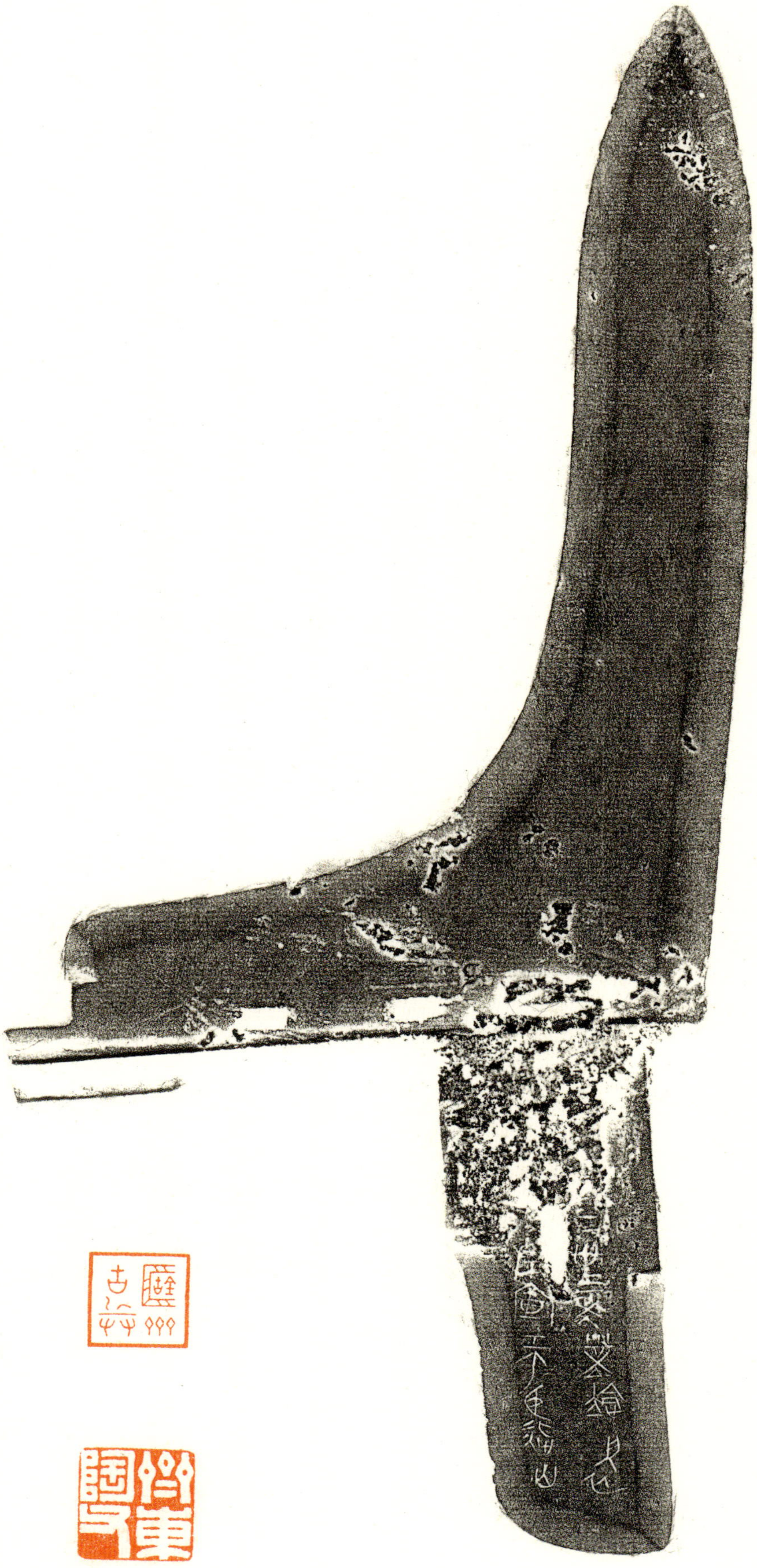

院藏信息

全形拓，登録號01027.1.49，一頁，鈐印：簠齋古兵、齊東陶父

全形拓，登録號00971.1.14，一頁，鈐印：簠齋古兵、平生三代文字之好

全形拓，登録號00995.5.20，一開

全形拓，登録號440238.4.29，一頁

附録

卅三年戈

存十二字，餘掩於青緑。

參見《簠齋金文題識》頁七六

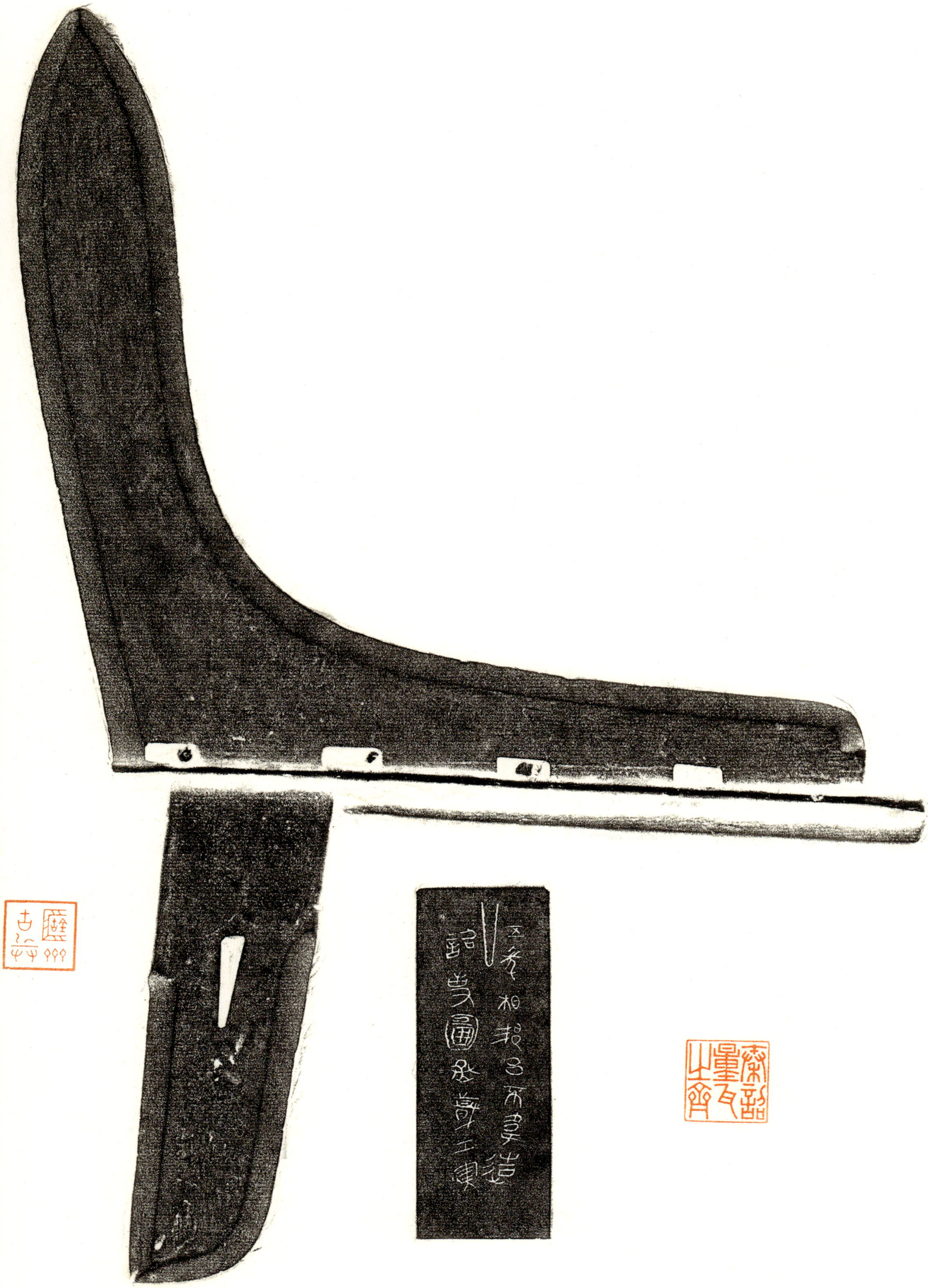

二九

五年相邦吕不韋戈　01027.1.51

戰國晚期

全形拓最大縱横27.6×18.7釐米（兩面同）

該器現藏：中國國家博物館

銘文字數：十九

《集成》著録編號：一一三九六

釋文

五年，相邦吕不韋造，

詔事圖、丞蕺（蔑）、工寅。

詔事　屬邦

（編者注：此戈文字極細，難施氈椎，故簠齋屬王西泉仿刻于青田石者，即仿刻之本。見鄧實編《簠齋吉金録》古兵，頁一二）

院藏信息

全形拓，登録號01027.1.51，一頁，鈐印：秦詔量瓦之齋、簠齋古兵、集秦斯之大觀、秦鐵權齋

全形拓，登録號00971.1.50，一頁，鈐印：秦詔量瓦之齋、簠齋古兵、集秦斯之大觀、秦鐵權齋

附録

秦不韋詔事戈（周末秦戈坿一）

「詔事」二字鑄款，「屬邦」二字鑿款，在柲一面，「五年相邦吕不韋造詔事圖丞蕺工寅」十五字，鑿款，在柲一面。

雖是斯書，尚在六國未并時，當坿周末，是年己未。戈大銅精，沉沙陷穿，堅不可出，亦無青録。李斯爲吕舍人時書也。

更有鑿文驗吕戈，先鎔詔事長嚴苣；

舍人游説秦王客，萬古燔書恨不磨。

字淺，以石摹拓之。

參見《簠齋金文題識》頁九一

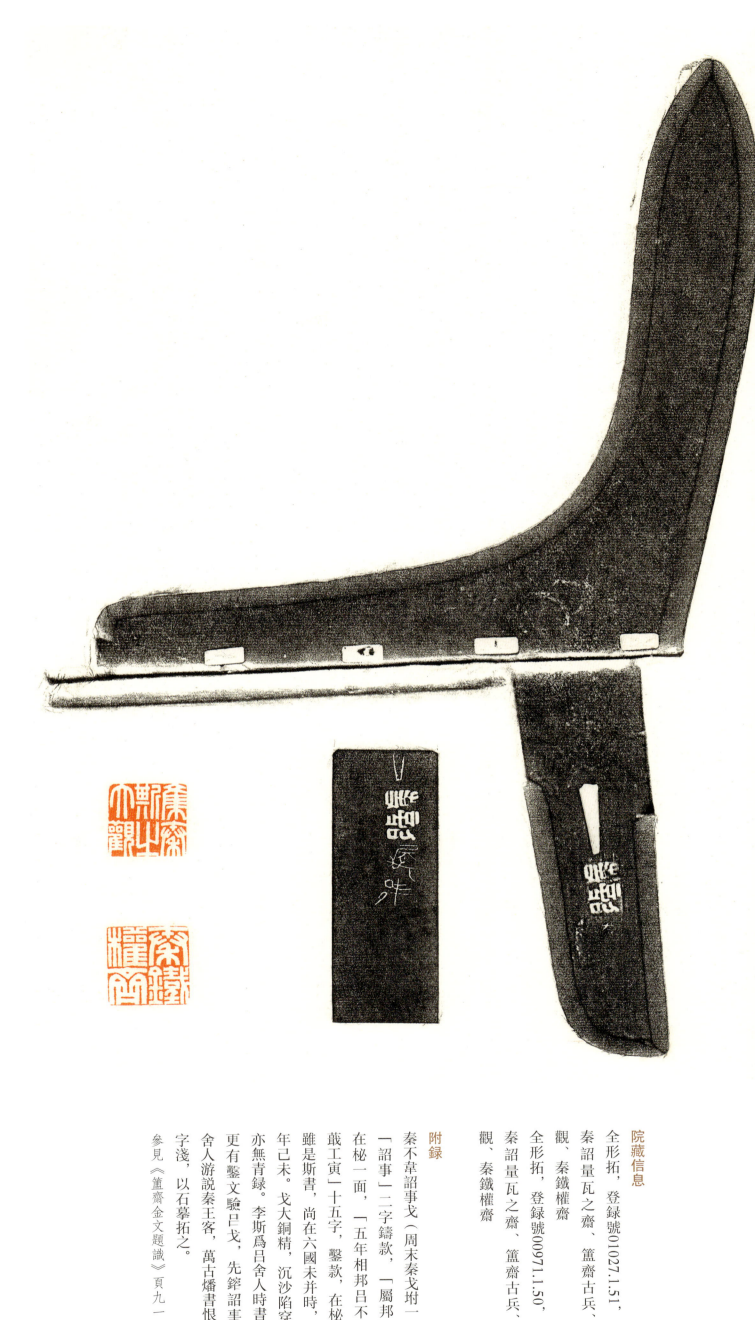

三〇

郾王職戈（殘）01027.3.26

戰國晚期
全形拓最大縱横12.7×11.2釐米（兩面同）
銘文字數：七
《集成》著録編號：一一二三三

釋文

郾（燕）王職乍（作）
巨攼鋸

院藏信息

全形拓，登録號01027.3.26，一頁，鈐印：簠齋古兵
全形拓，登録號00971.1.19，一頁，鈐印：簠齋古兵、海濱病史

附録

郾（燕）王戈
六字。
「匽」古「燕」通，即燕王，非後之郾王。郾王見史封爵。
山左土物。
燕戈多出齊地，宣王所俘與？
參見《簠齋金文題識》頁七九

三一

郾王職戈（殘） 01027.3.24

戰國晚期

全形拓最大縱横6.6×2.7釐米（兩面同）

銘文字數：七

《集成》著録編號：一一二三〇

釋文

郾（燕）王職乍（作）

巨攺鋸

院藏信息

全形拓，登録號01027.3.24，一頁，鈐印：簠齋古兵

全形拓，登録號00971.1.20，一頁，與「郾王職戈」（登録號00971.1.20.1）拓於同一紙上，鈐印：簠齋古兵、平生有三代文字之好

附録

郾王戈柲

七字。

「郾」即「燕」。

五牧金，仿貢金九牧之文也。

參見《簠齋金文題識》頁八〇

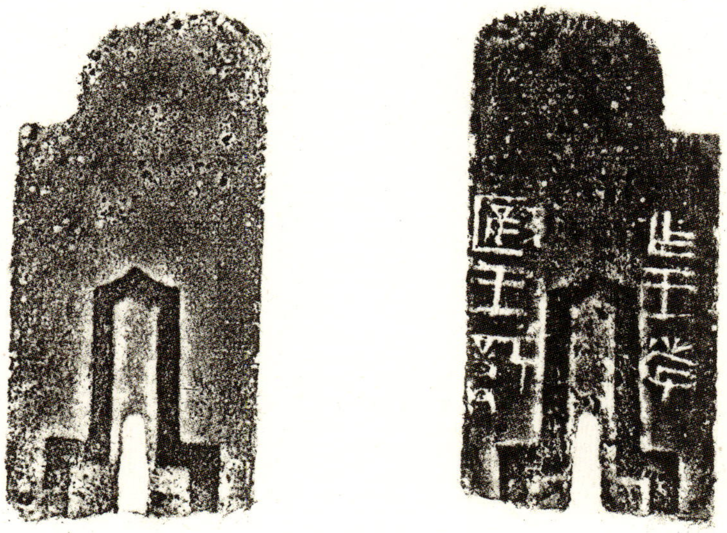

三二

郾王職戈（殘）01027.3.25

戰國晚期

全形拓最大縱橫7×3.3釐米（兩面同）

銘文字數：六

《集成》著録編號：一一一八七

釋文

郾（燕）王職

乍（作）王萃

院藏信息

全形拓，登録號01027.3.25，一頁，鈐印：簠齋古兵、萬印樓

全形拓，登録號00971.1.20.1，一頁，與「郾王職戈」（登録號00971.1.20）拓於同一紙上，鈐印：簠齋古兵、平生有三代文字之好

三三

[郾]王職戈（殘） 01027.4.62

戰國晚期

全形拓最大縱横20×11.3釐米（兩面同）

銘文字數：存五

《集成》著録編號：一一一一〇

釋文

[郾（燕）]王職乍（作）

[攼]萃鋸

院藏信息

全形拓，登録號01027.4.62，一頁，鈐印：簠齋古兵

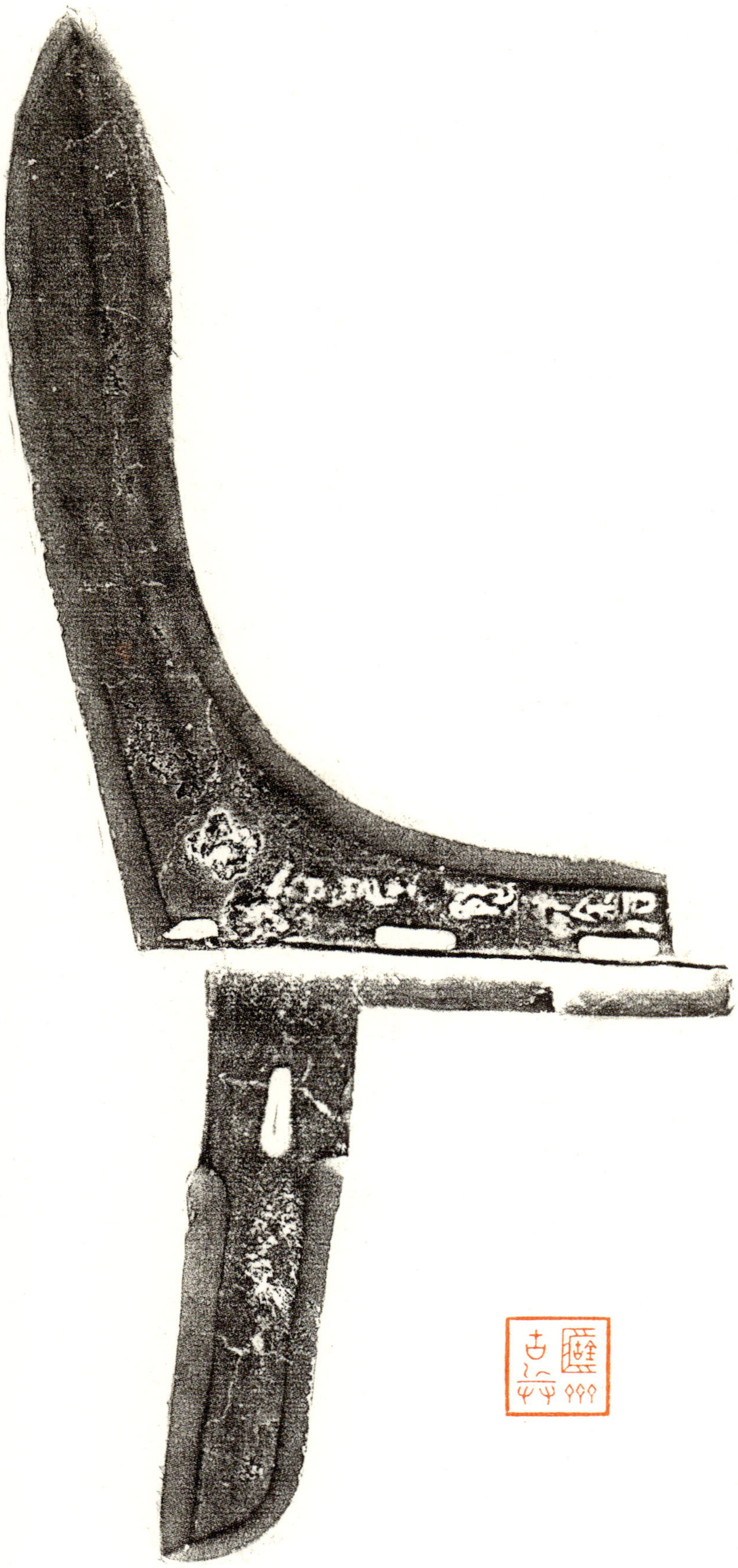

三四

谷厔造戟

01027.1.24

戰國晚期

全形拓最大縱横23.3×10釐米（兩面同）

銘文字數：六

《集成》著録編號：一一一八三

釋文

谷⿰口后戠（造）鍼（戟）冶□

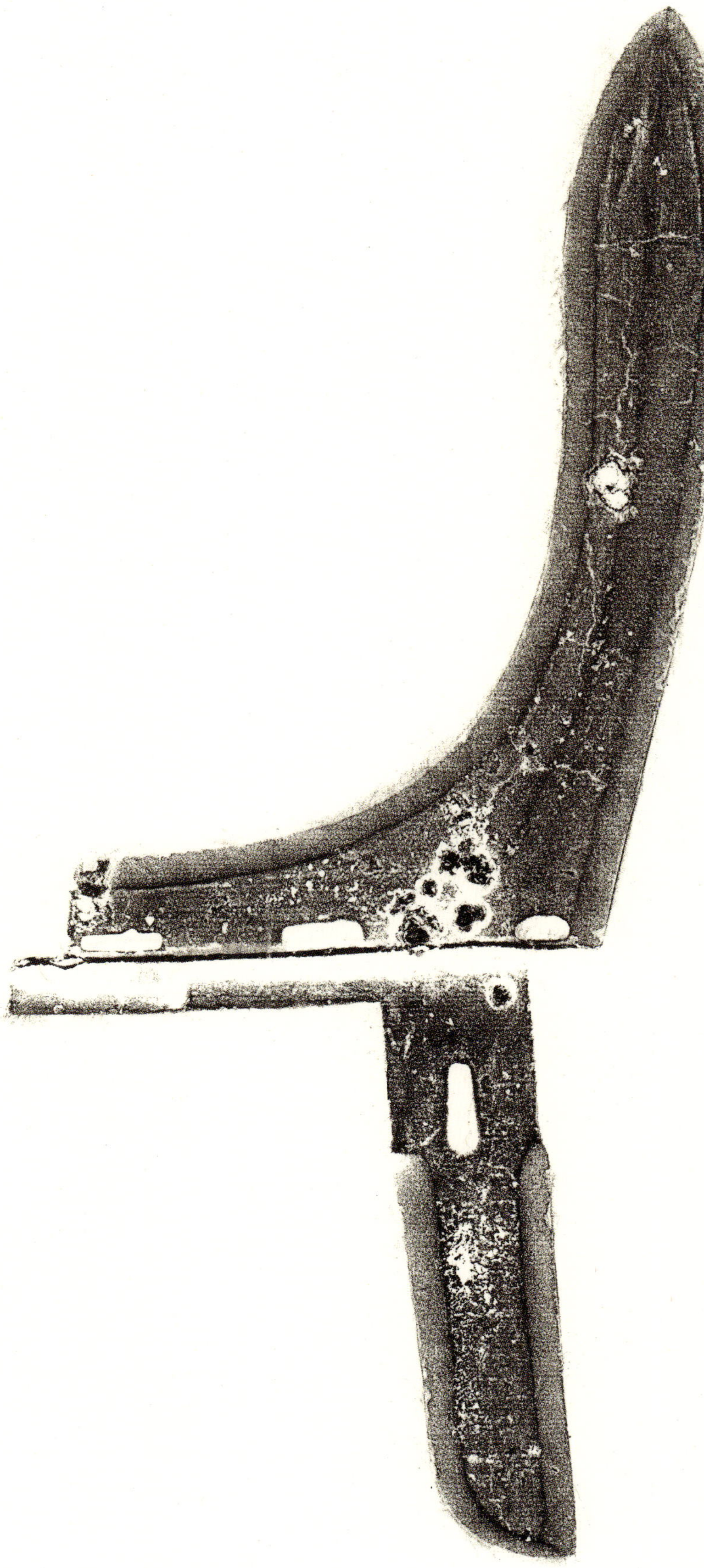

院藏信息

全形拓，登録號01027.1.24，一頁，鈐印：簠齋古兵

全形拓，登録號00971.1.21，一頁，鈐印：簠齋古兵

附録

公⿰口后（皮）䢵戈金二化戈

六字。

山左土物。

末字似二化（貨）。

參見《簠齋金文題識》頁八〇

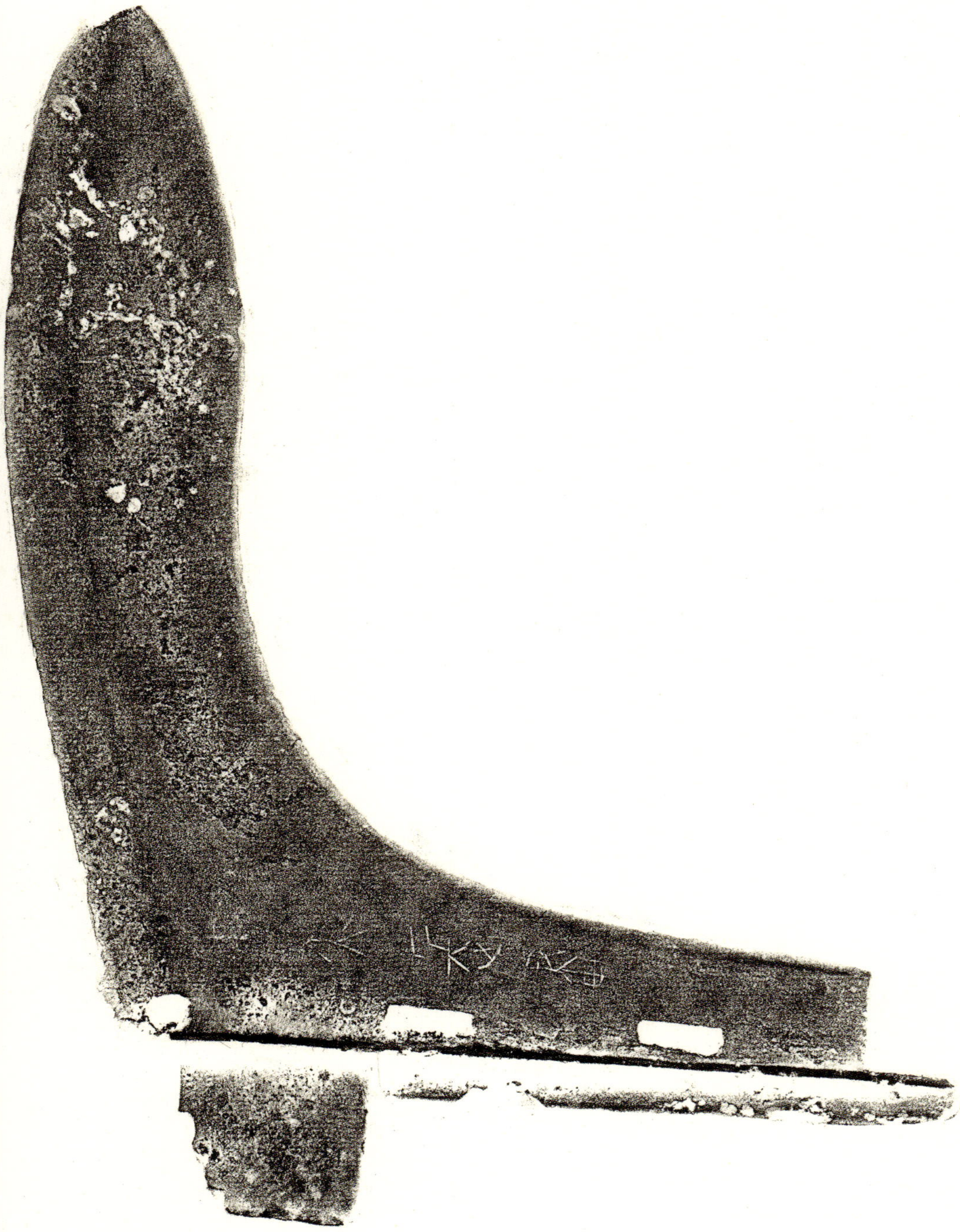

三五

車大夫長畫戈

01027.1.21

戰國晚期

全形拓最大縱横18.6×13釐米（兩面同）

銘文字數：四（又合文一）

《集成》著録編號：一一〇六一

釋文

車大夫長（張）畫

院藏信息

全形拓，登録號01027.1.21，一頁，鈐印：簠齋古兵

全形拓，登録號00971.1.31，一頁，鈐印：簠齋古兵

附録

長畫戈

五字。

山左土物。

參見《簠齋金文題識》頁八三

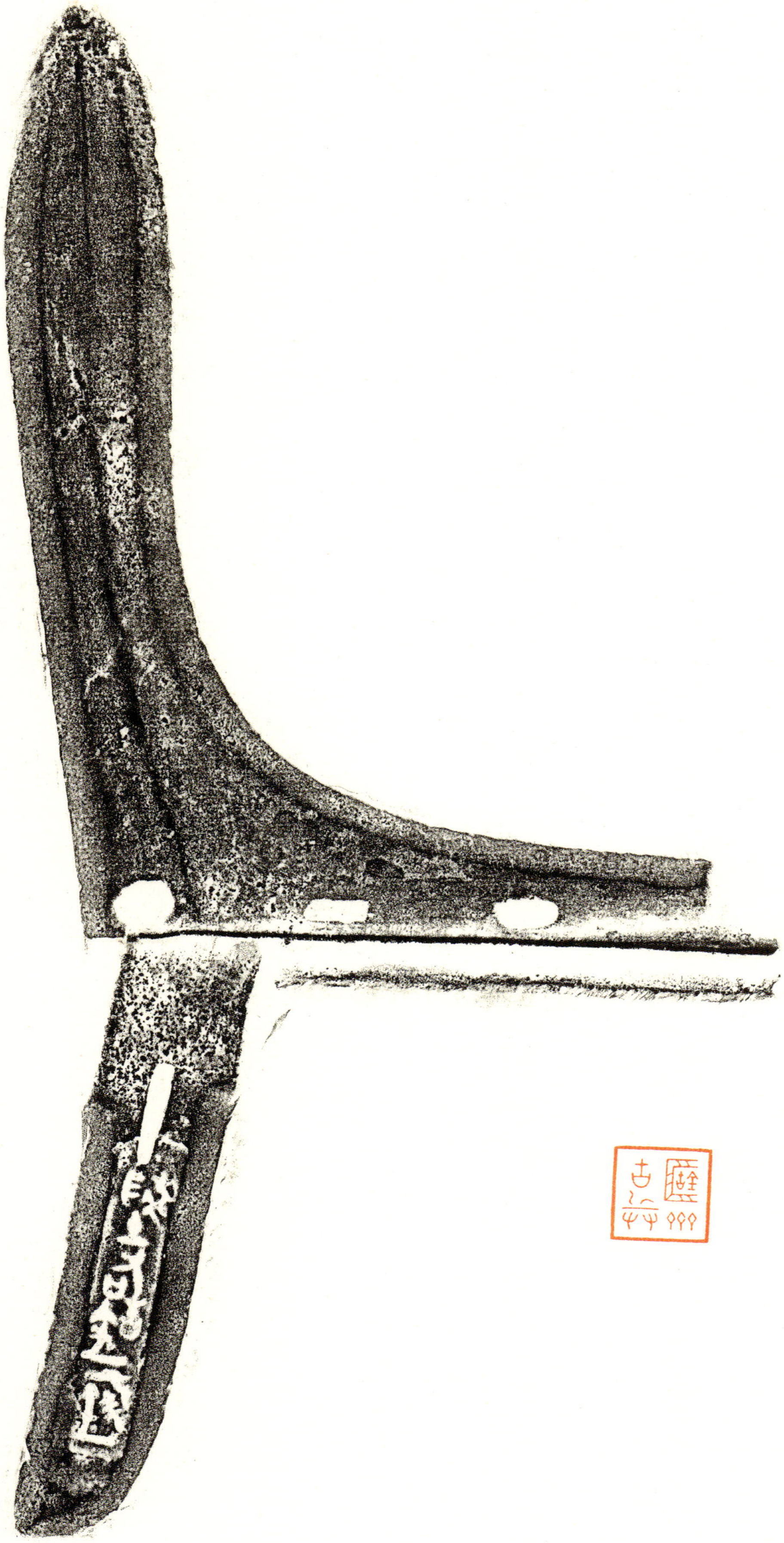

三六

陵右造戟

01027.1.16

戰國晚期

全形拓最大縱横24.5×11.8釐米（兩面同）

銘文字數：四

《集成》著録編號：一一〇六二

釋文

陵右鋯（造）鉞（戟）

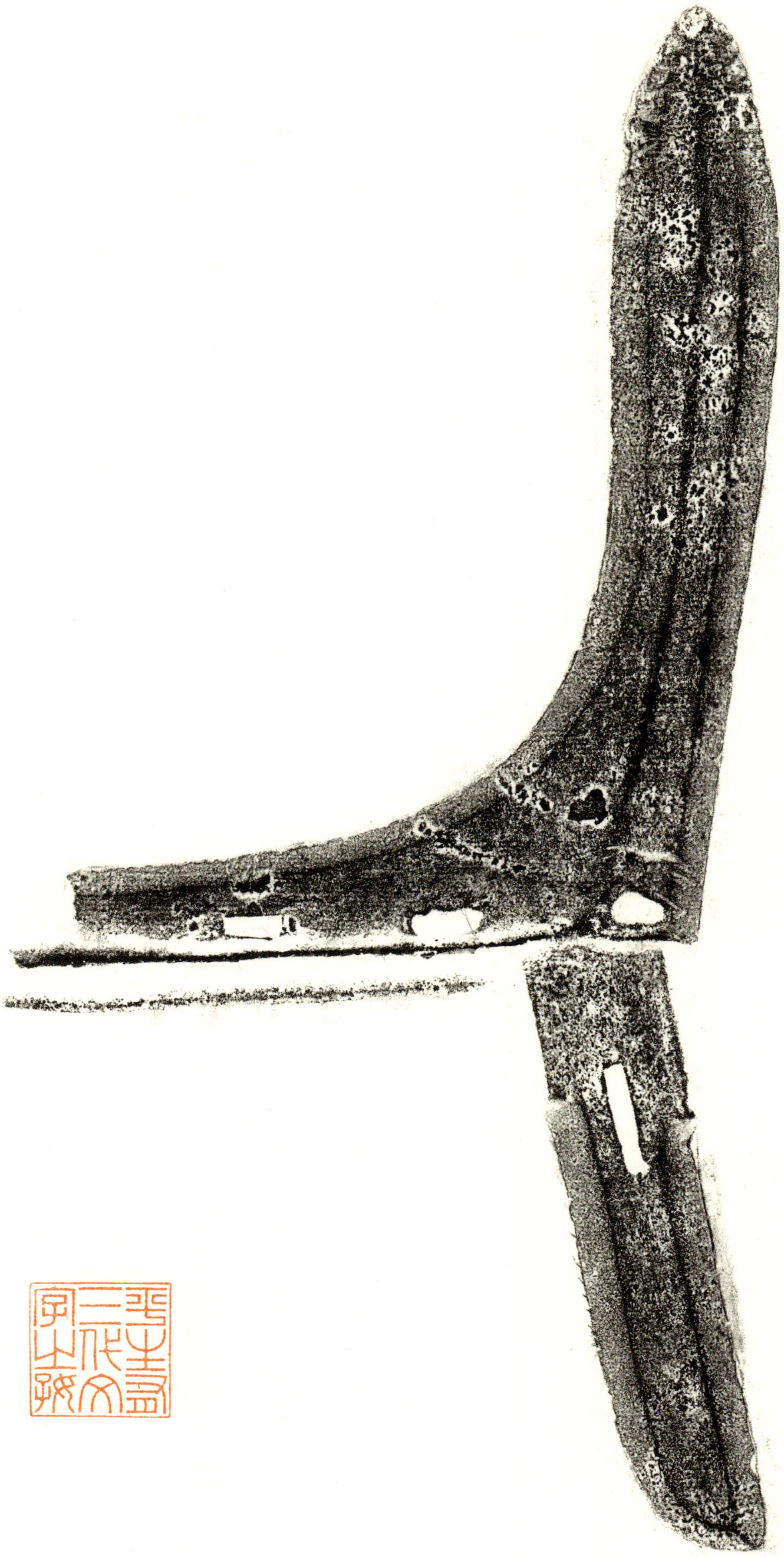

院藏信息

全形拓，登録號01027.1.16，一頁，鈐印：簠齋古兵、平生有三代文字之好

全形拓，登録號00971.1.35，一頁，鈐印：簠齋古兵、平生有三代文字之好

附録

墜右鋯釴戈

造从鋯，戈从釴，中又作[illegible]。

參見《簠齋金文題識》頁八五

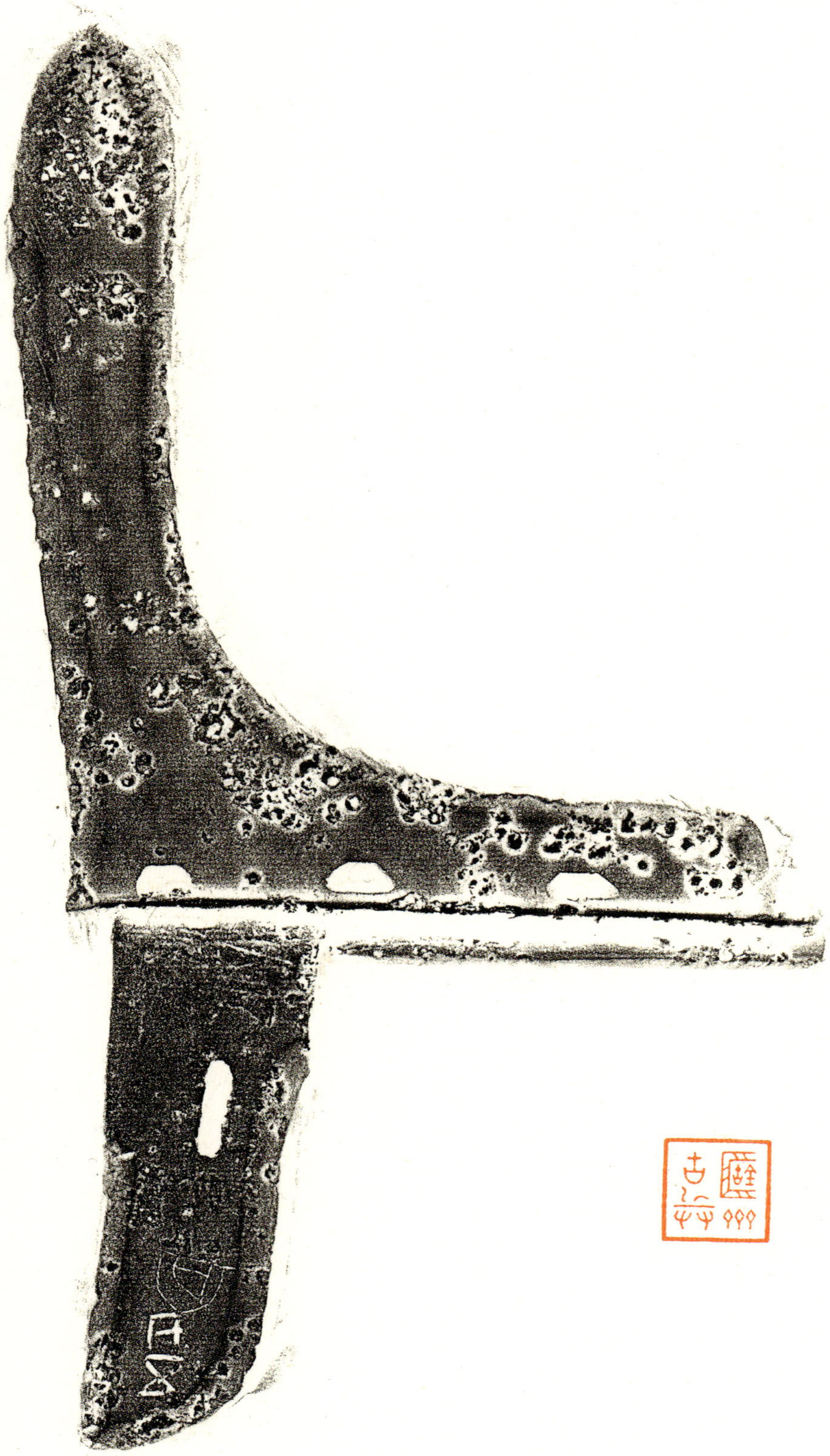

三七

吾宜戈 01027.1.02

戰國晚期

全形拓最大縱橫20.8×11.8釐米（兩面同）

銘文字數：二

《集成》著録編號：一〇九三六

釋文

吾宜

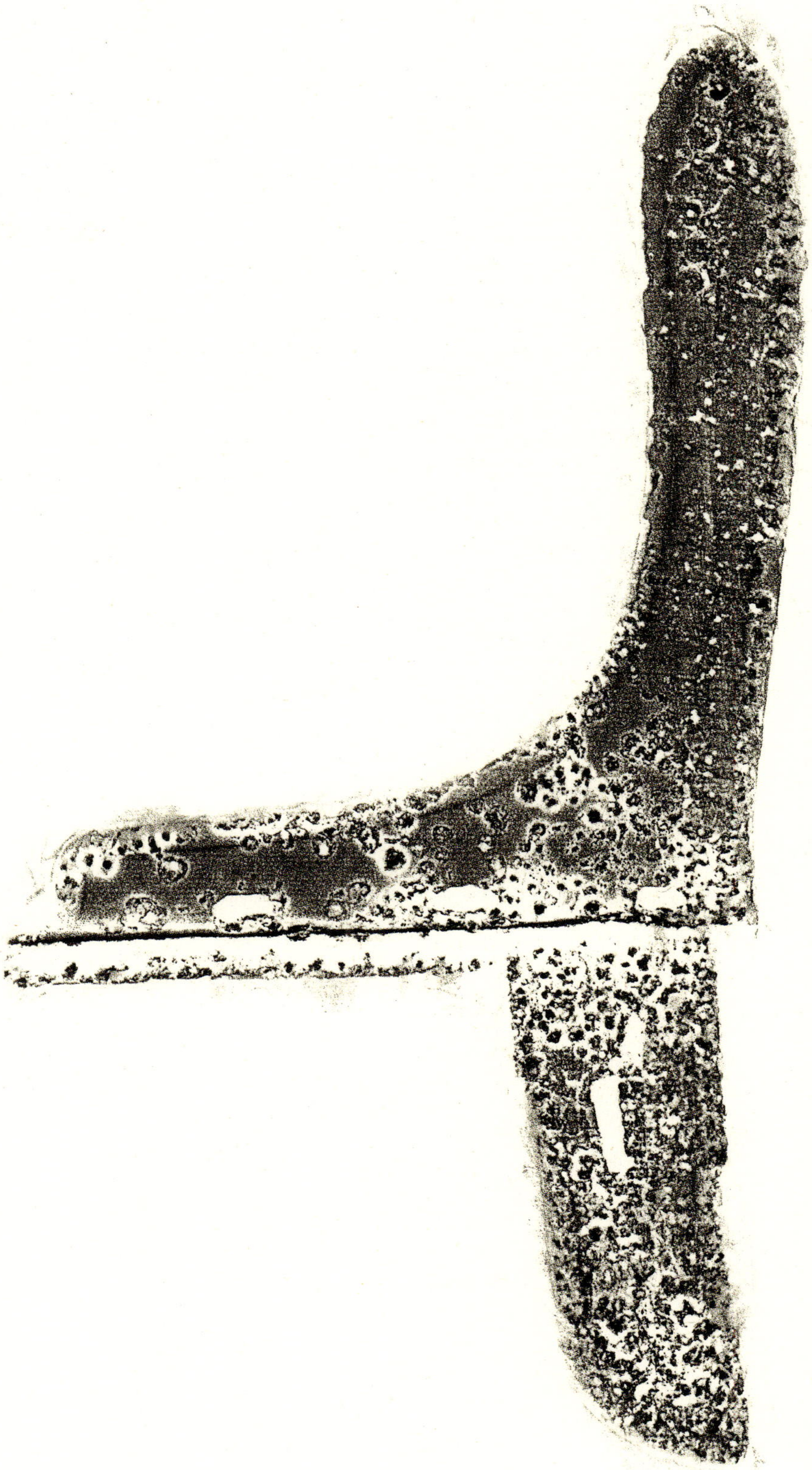

院藏信息

全形拓，登録號01027.1.02，一頁，鈐印：簠齋古兵

全形拓，登録號00971.1.47，一頁，鈐印：簠齋古兵

附録

吾宜戈

二字。

周末。

參見《簠齋金文題識》頁九〇

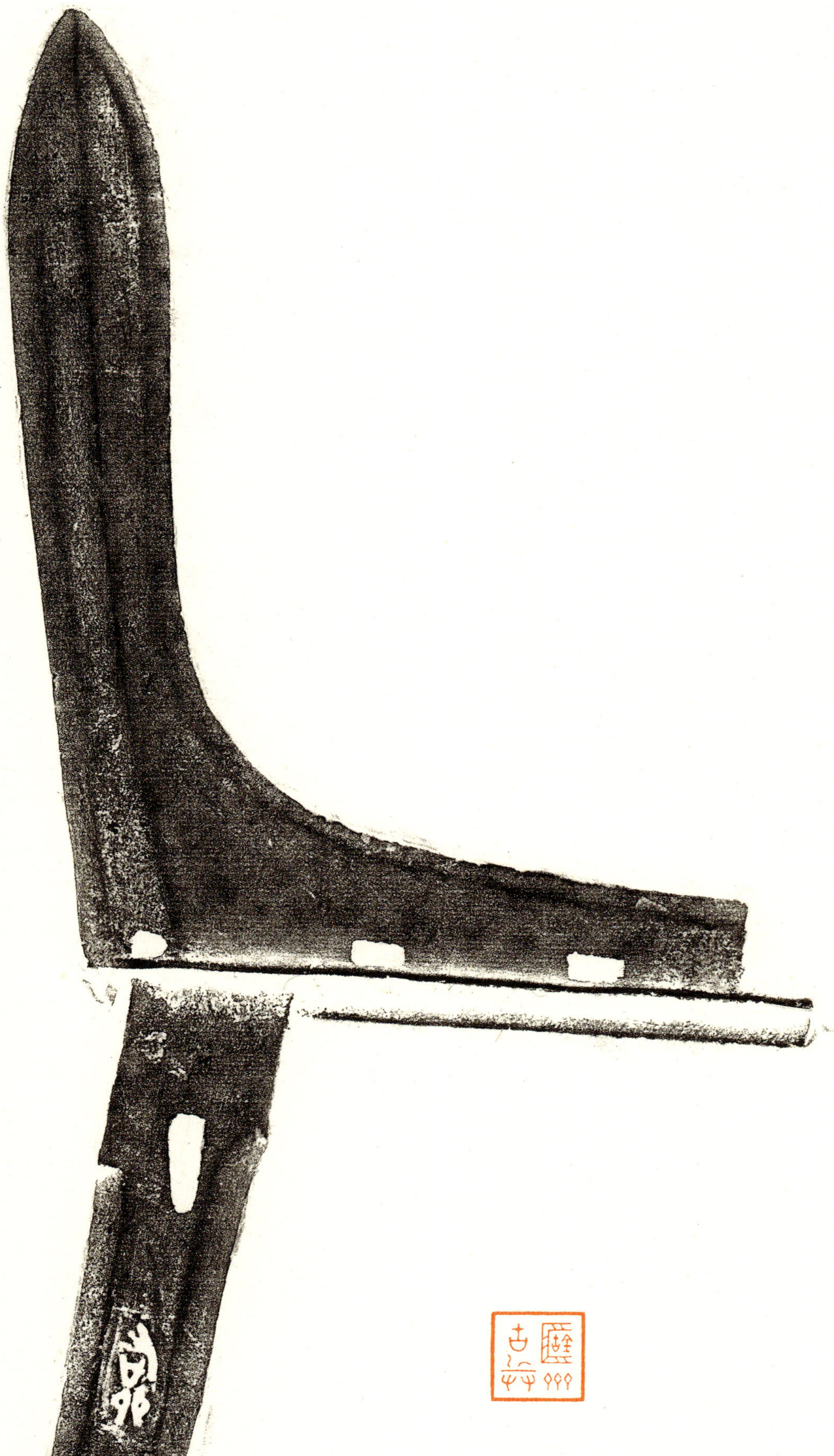

三八

右卯戈

01027.1.07

戰國晚期

全形拓最大縱横25.1×13.3釐米（兩面同）

銘文字數：二

《集成》著録編號：一〇九四四

釋文

右卯

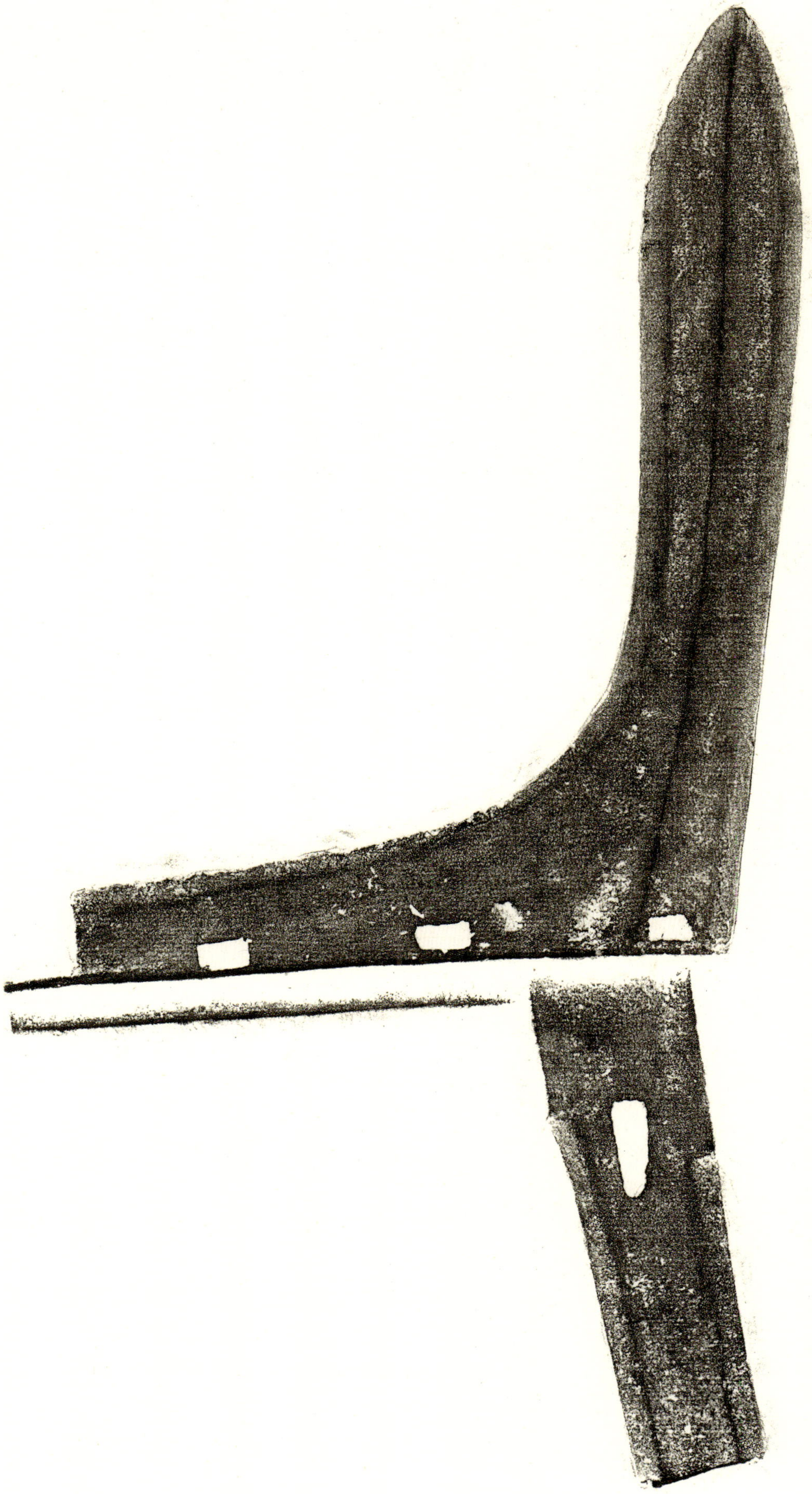

院藏信息

全形拓，登録號01027.1.07，一頁，鈐印：簠齋古兵

全形拓，登録號00971.1.43，一頁，鈐印：簠齋古兵

附録

右丱戈

二字。

山左土物。

參見《簠齋金文題識》頁八八

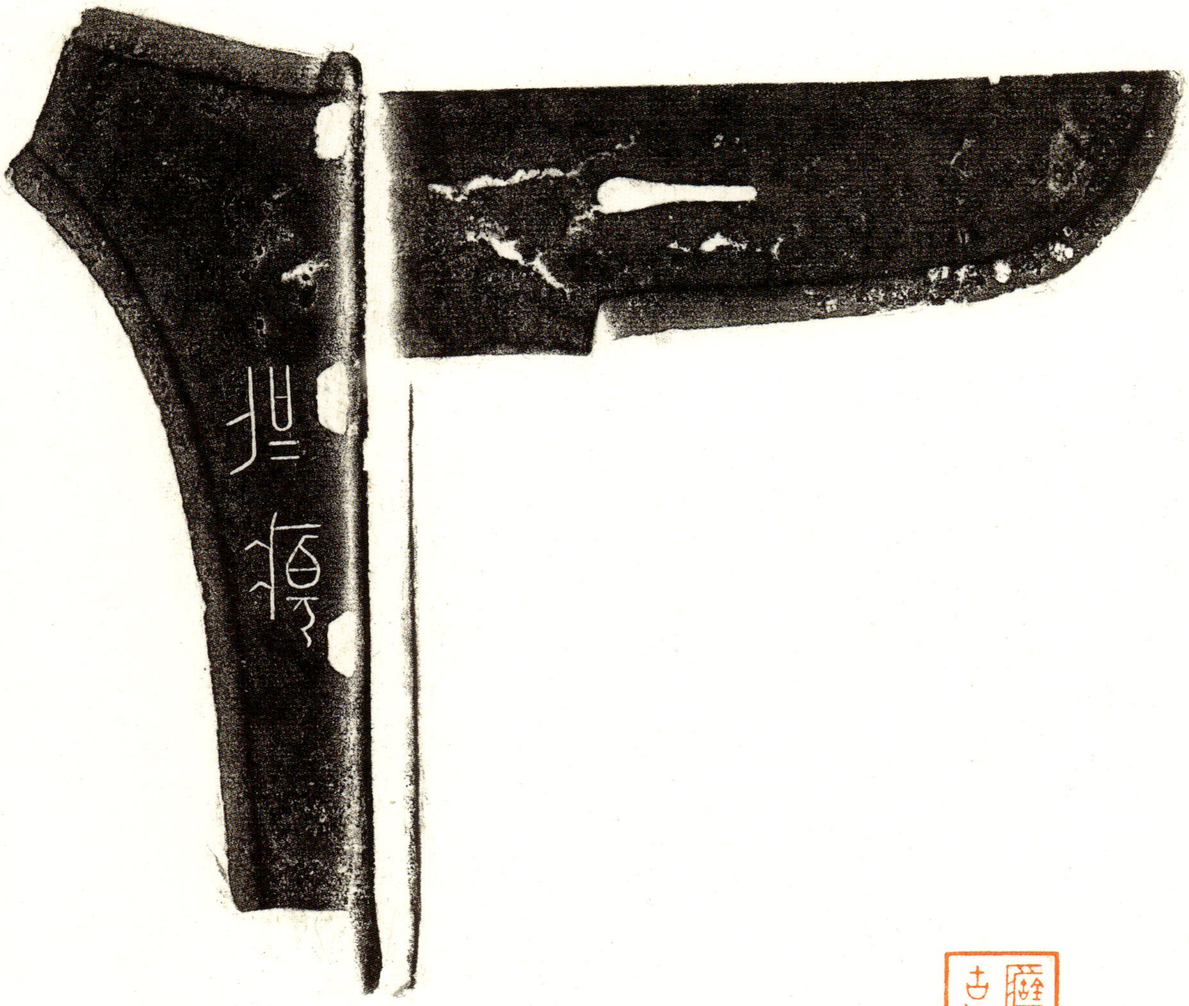

三九

治㾭戈（殘） 01027.1.50

戰國晚期

全形拓最大縱横15.4×13.5釐米（兩面同）

該器現藏：上海博物館

銘文字數：二

《集成》著録編號：一〇九四一

釋文

胆（治）㾭

院藏信息

全形拓，登録號01027.1.50，一頁，鈐印：簠齋古兵、海濱病史

全形拓，登録號00971.1.42，一頁，鈐印：簠齋古兵、平生有三代文字之好

附録

胆㾭戈

山左土物。光緒壬午得之周邨市。

參見《簠齋金文題識》頁八八

四〇

四年邘令戈（殘）01027.4.61

戰國

全形拓最大縱横7.9×2.3釐米（兩面同）

銘文字數：十三（又合文一）

《集成》著録編號：一一三三五

釋文

四年，邘命（令）輅庶、上庫

工師郾配、刅（冶）肙（𦣞）。

（編者注：釋文據《商周金文資料通鑒》電子版一七一九六校。又參見蘇輝《秦三晉紀年兵器研究》，上海古籍出版社，二〇一三年，第一五九頁）

院藏信息

全形拓，登録號01027.4.61，一頁，鈐印：簠齋古兵、萬印樓

全形拓，登録號00971.1.15，一頁，鈐印：簠齋古兵、萬印樓

附録

周□四年殘戈柲

十五字。

[illegible]（或是隹）三（四）[illegible]（季）[illegible]（邘）[illegible]（命）[illegible]（輅）[illegible]（庶）[illegible]（上）[illegible]（軍）[illegible][illegible]（龍）[illegible]（梁）[illegible][illegible]（或是馬）。

光緒八年五月既望辛丑收，高文翰游豫所得。可名曰邘戈。輅當是地名。

余藏卅三年戈，左軍下亦有[illegible]字，與此同是一國一時物。

參見《簠齋金文題識》頁七七

四一

十八年鄉左庫戈（殘）01027.3.04

戰國

全形拓最大縱橫3.8×2.2釐米

銘文字數：存八

《集成》著録編號：一一二六四

釋文

十八年，鄉

左庫無（？）鑄。

院藏信息

全形拓，登録號01027.3.04，一頁，鈐印：簠齋古兵

四二

陳丽戈（殘） 01027.4.20

戰國

全形拓最大縱横9.2×4.6釐米（兩面同）

該器現藏：故宮博物院

銘文字數：五

《集成》著録編號：一一〇八二

釋文

陳丽

子窹（造）戗（戈）

院藏信息

全形拓，登録號01027.4.20，一頁，鈐印：陳氏吉金、簠齋古兵

全形拓，登録號00971.1.33，一頁，鈐印：陳氏吉金、簠齋古兵

附録

陳丽子窹戗戈

五字。

似陳□子造戈，而皆異文。

第二見漢瓦當，造从穴。

丽，《説文》云篆文麗字。[illegible]，疑造。[illegible]，疑戈。

山左土物。

田陳物。

參見《簠齋金文題識》頁八四至八五

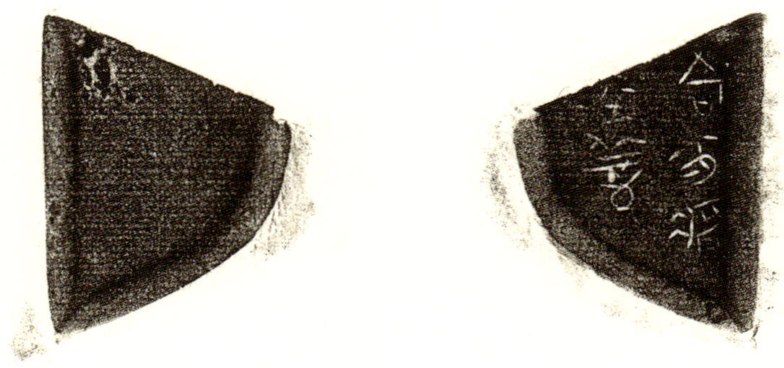

四三

命趙將□善戈（殘）01027.3.03

戰國

全形拓最大縱橫4×2.9釐米（兩面同）

銘文字數：存五

釋文

命趙將□善

院藏信息

全形拓，登録號01027.3.03，一頁，鈐印：簠齋古兵

全形拓，登録號00971.1.25，一頁，鈐印：簠齋古兵

附録

命趙將□善殘戈柲

參見《簠齋金文題識》頁八一

四四

陳貝散戈 01027.1.01

戰國

全形拓最大縱橫19.4×8釐米（兩面同）

該器現藏：旅順博物館

銘文字數：四

《集成》著録編號：一一〇三三

釋文

陳貝散盎（戈）

院藏信息

全形拓，登録號01027.1.01，一頁，鈐印：簠齋古兵

全形拓，登録號00971.1.32，一頁，鈐印：簠齋古兵

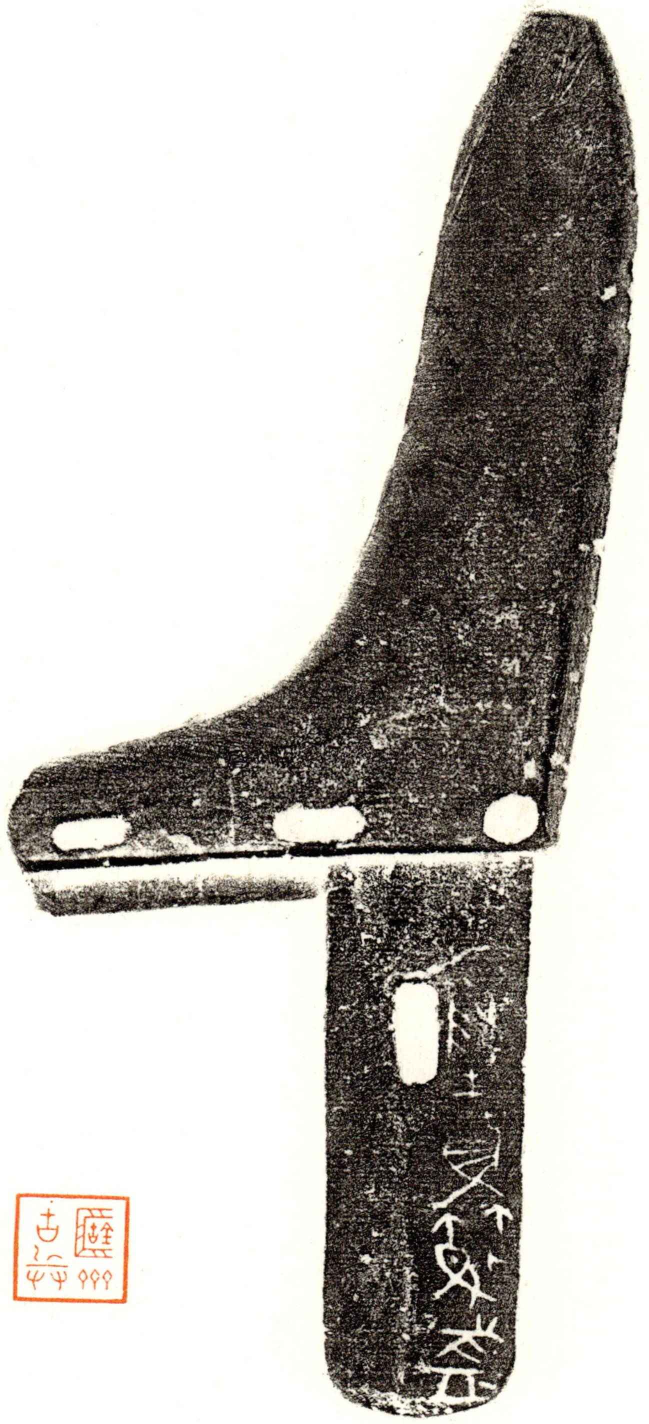

附録

墜貝散盎戈

四字。

貝見余所得即墨出土周瓦當。散下似余藏師害毁中殳字，毁亦齊出。

第二似貝，第三似師害毁中殳字，第四从龙，舟皿。

貝字見古匋器古瓦當，當皆齊出。鉅鹿鎮有貰縣。

盎見《説文》新坿字，云或从金从本，此必非鉢。

田陳物也。

山左土物。

參見《簠齋金文題識》頁八四

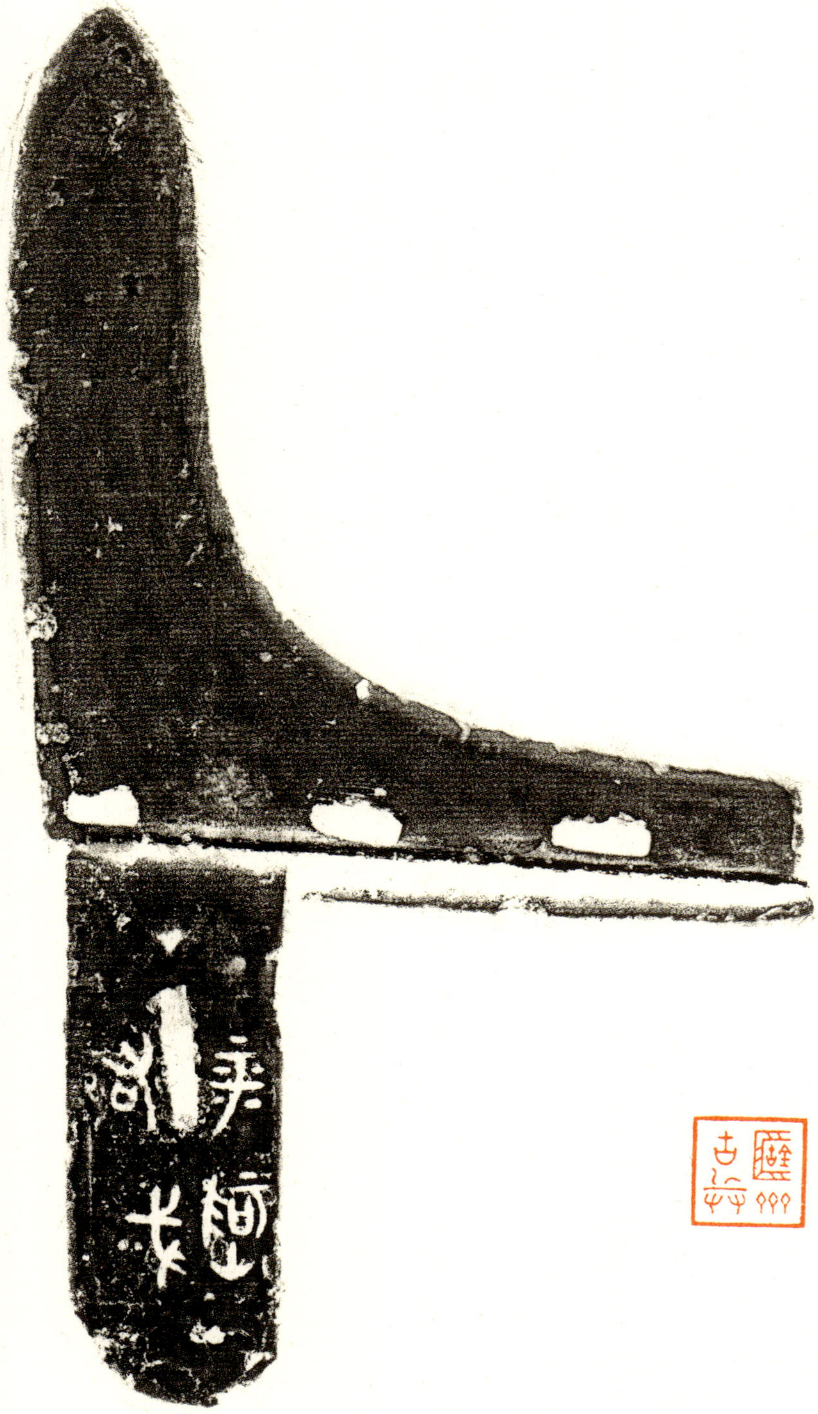

四五

平阿右戈

01027.1.22

戰國

全形拓最大縱横19.1×10.6釐米（兩面同）

銘文字數：四

《商周青銅器銘文暨圖像集成》著録編號：一六六八二

釋文

平阿右戈

院藏信息

全形拓，登録號01027.1.22，一頁，鈐印：簠齋古兵、海濱病史

全形拓，登録號00971.1.36，一頁，鈐印：簠齋古兵、平生有三代文字之好

附録

平阿右戈

《史記·魏世家》三十五年，與齊宣王會平阿南。《吕氏春秋》齊晉相與戰，平阿餘子亡戟得矛，卻而去。

《漢書·地理志》平阿縣沛郡。

平作[illegible]，同余平陸戈作[illegible]，此[illegible]平尤合平準之義。《尚書大傳》非水無以準萬里之平。《説文》亏下有古文[illegible]，不及从水之義，或亏近于吁，而非平正字。可作[illegible]，見古匋文。阿作[illegible]，从山，古繁文，[illegible]亦山可。

右或車右。

參見《簠齋金文題識》頁八六

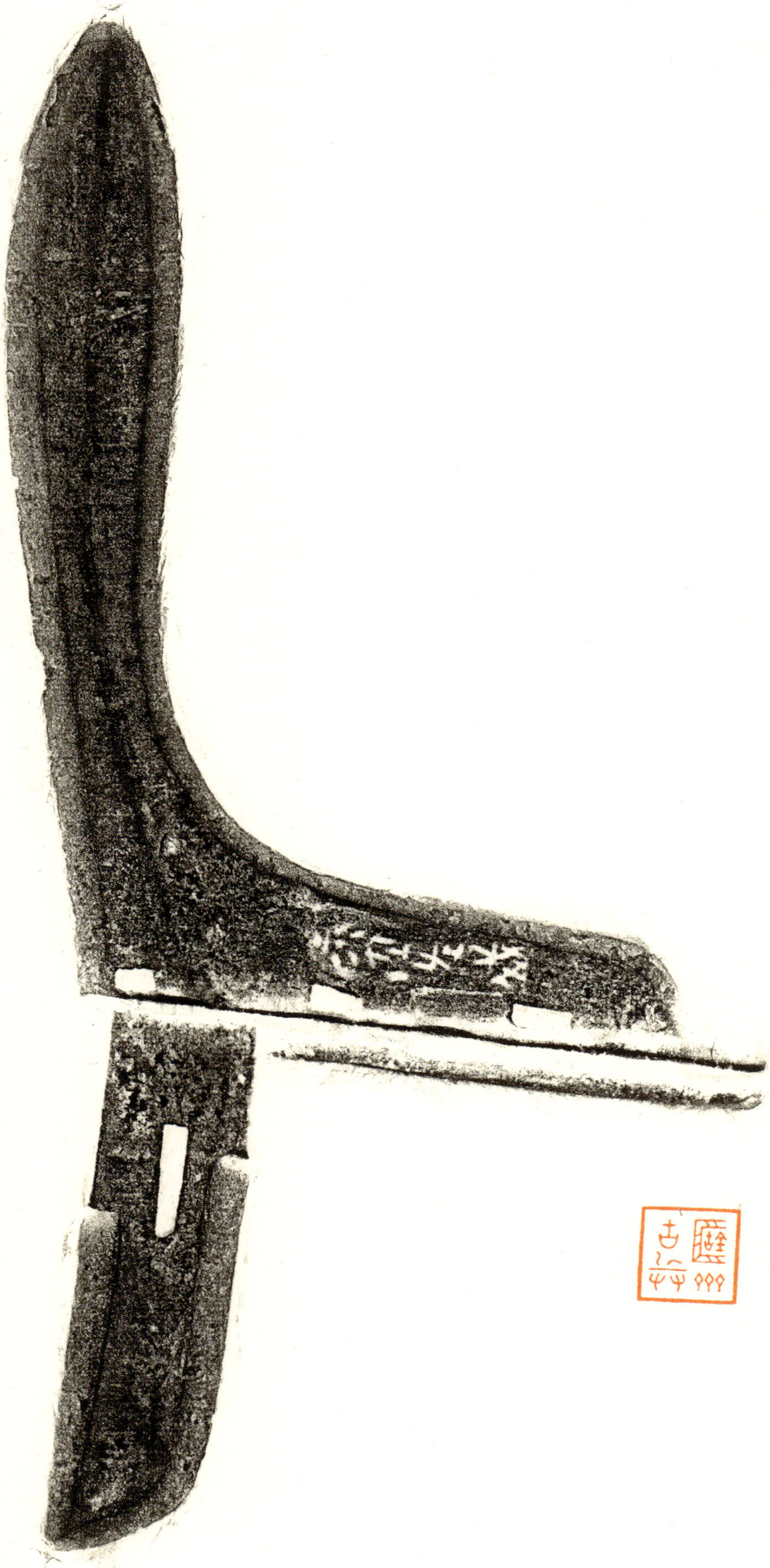

四六

平陸左戟

01027.1.03

戰國

全形拓最大縱橫24.4×12.2釐米（兩面同）

該器現藏：旅順博物館

銘文字數：四

《集成》著録編號：一一〇五六

釋文

平陸左戟（戟）

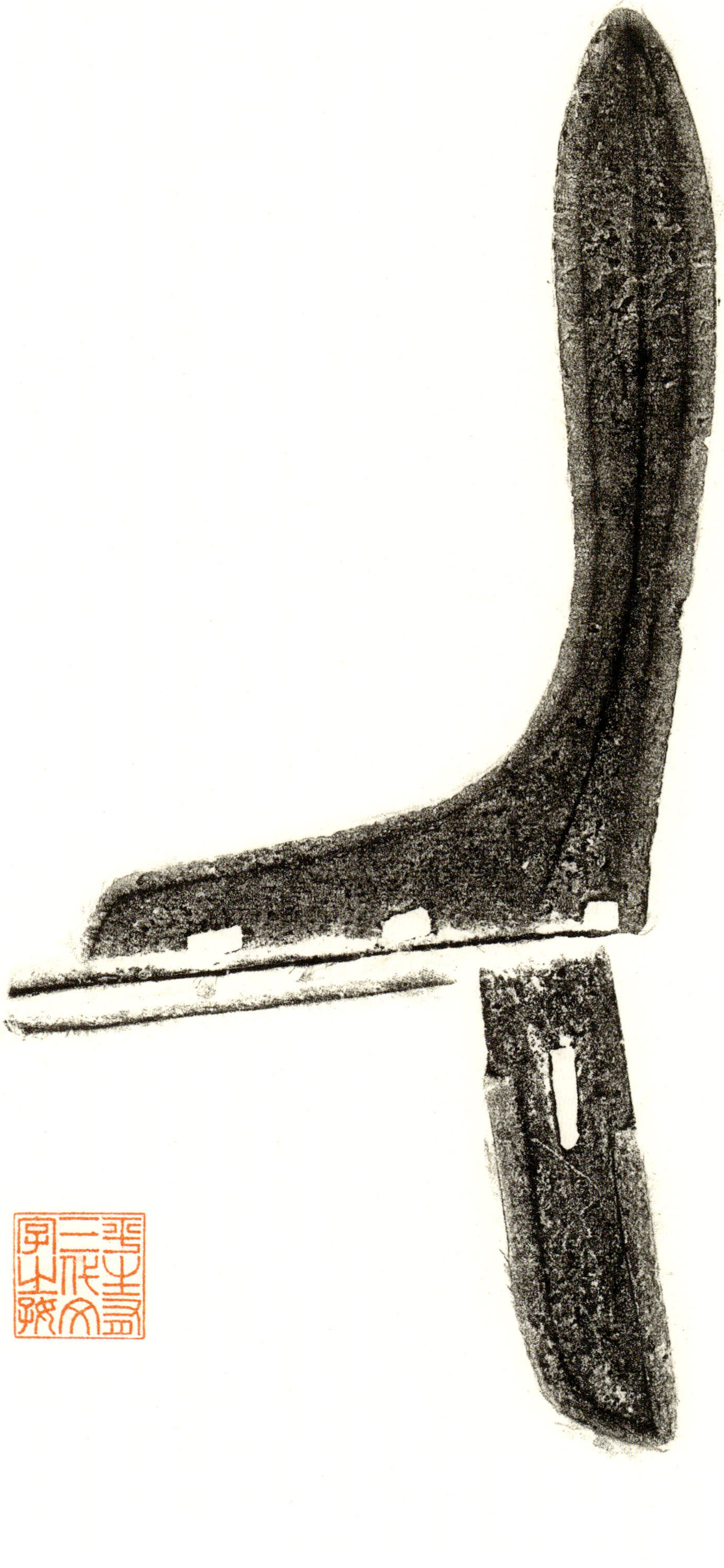

院藏信息

全形拓，登録號01027.1.03，一頁，鈐印：簠齋古兵、平生有三代文字之好

全形拓，登録號00971.1.37，一頁，鈐印：簠齋古兵

附録

平陸左戈

薛書平陸戈作平陸，云《古器物銘》曰藏淄川民間。古陶國字作國，戈即戈，此當是戈重字。

參見《簠齋金文題識》頁八六

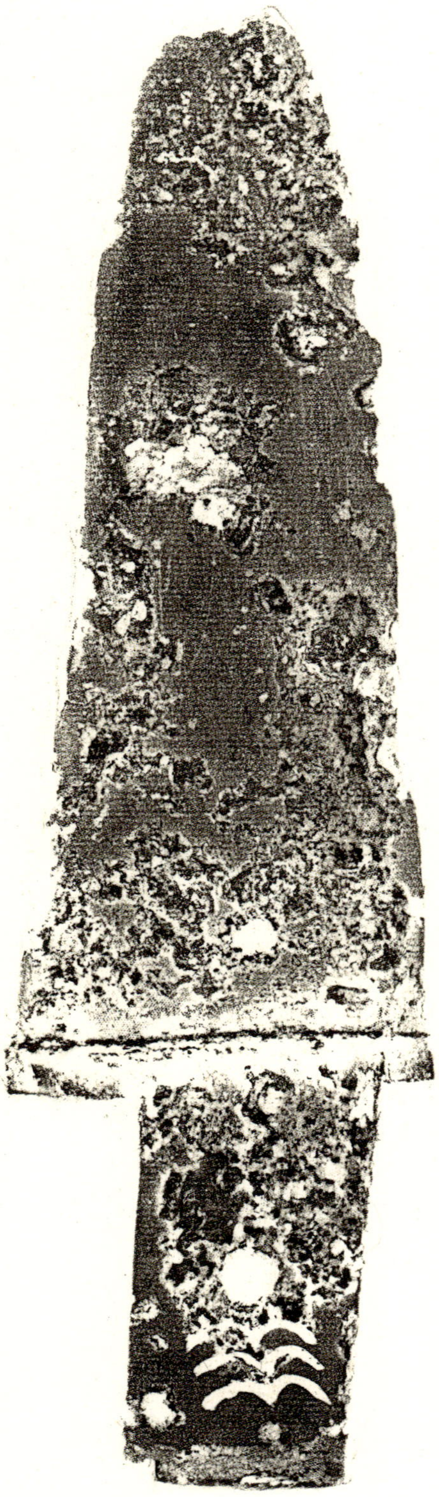

四七

□戈 01027.1.44

戰國

全形拓最大縱横20.3×5.7釐米（兩面同）

院藏信息

全形拓，登録號01027.1.44，一頁，鈐印：簠齋古兵

全形拓，登録號00971.1.07，一頁，鈐印：簠齋古兵

附録

夏□瞿

瞿古于戈。

二字。

此與阮書所載商虯戈文有同處，彼□釋虯，□釋至，以□爲坤，即漢刻之巛，此作□，似皆與巛不同，或是眉象，古文有蘄壽之義。

余見商文字多細，字小於周，此古於商，故列之夏。

齊出。

參見《簠齋金文題識》頁七三

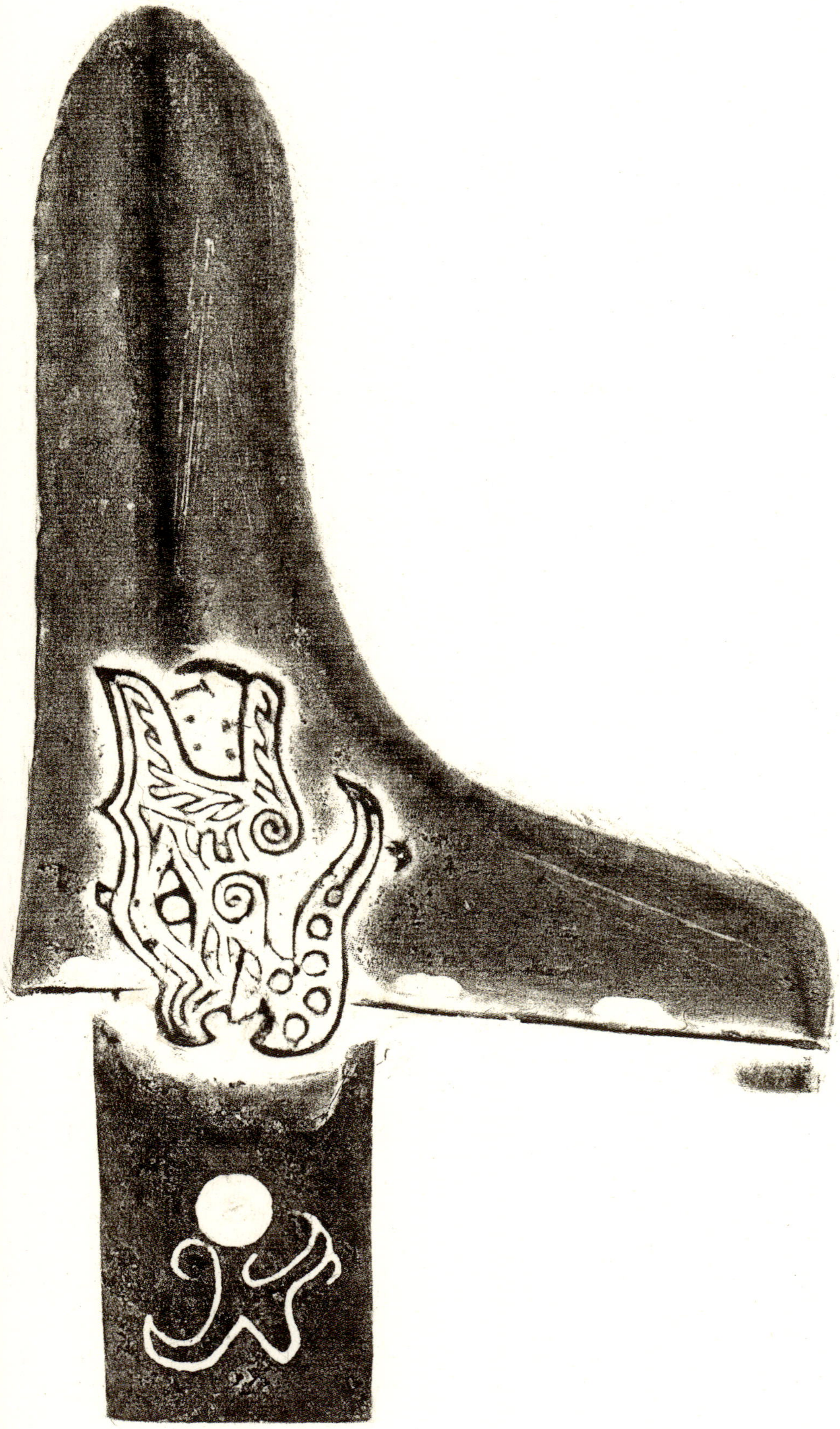

四八

奇字龍首戈 01027.1.25

戰國

全形拓最大縱橫23.1×12.7釐米（兩面同）

院藏信息

全形拓，登録號01027.1.25，一頁，鈐印：簠齋古兵

全形拓，登録號00971.1.12，一頁，鈐印：簠齋古兵

附録

商奇字龍首戈

奇字一，作□。

參見《簠齋金文題識》頁七六

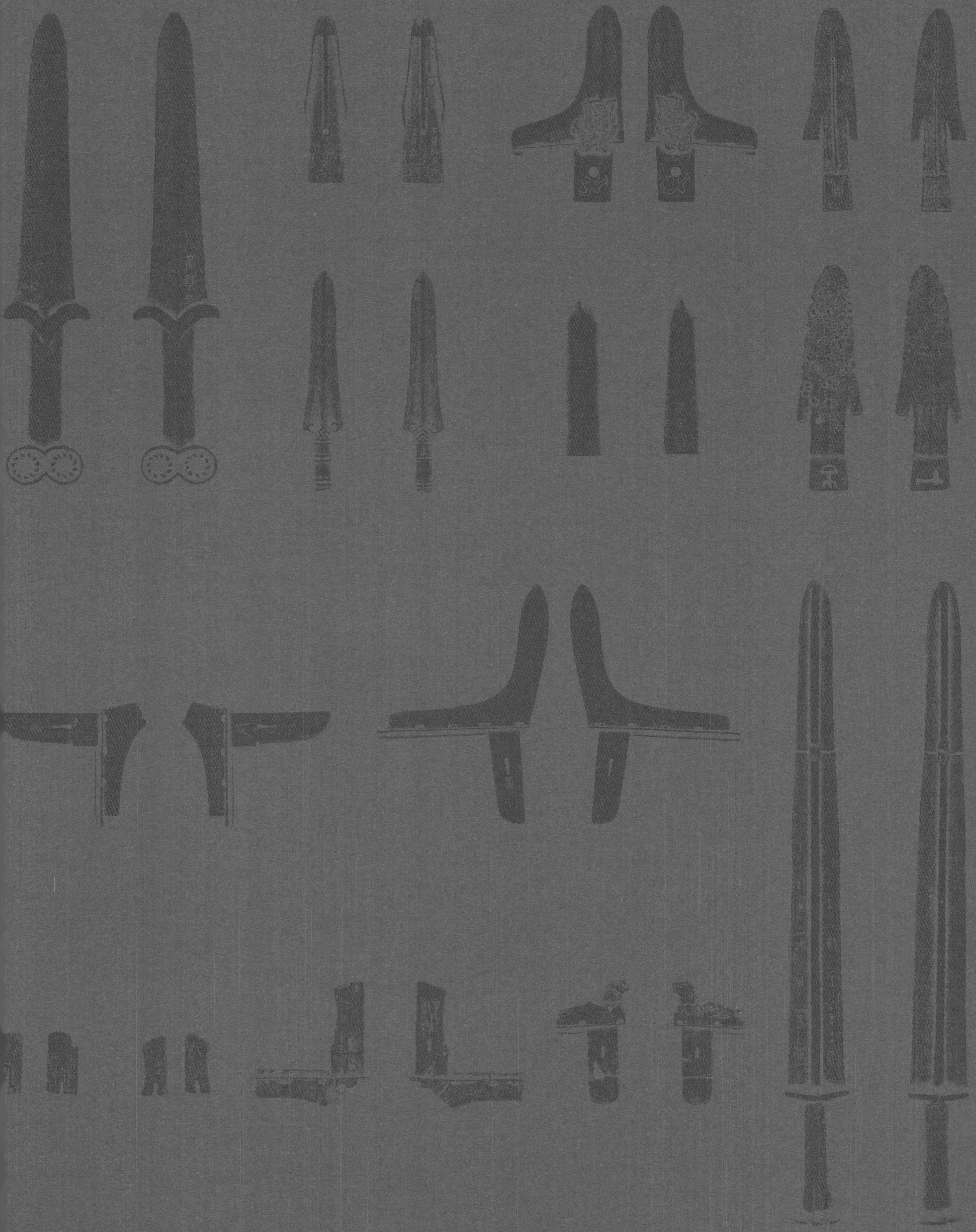

劍

攻敌王劍／蔡侯劍（殘）／高陽四劍／越□劍（殘環）／五劍（殘）／[illegible]字劍

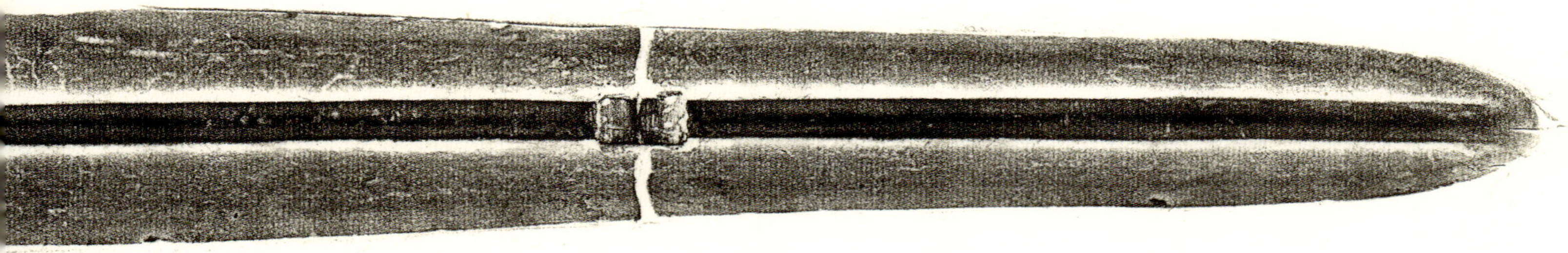

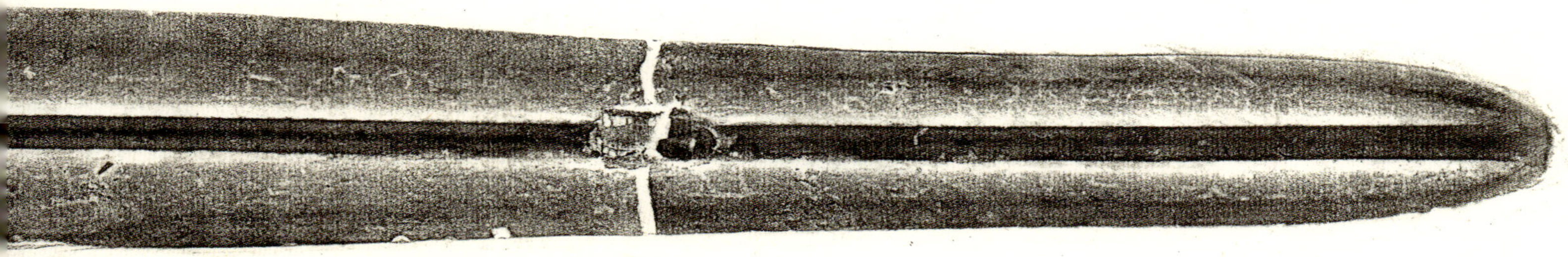

四九

攻敔王劍 01027.1.06

春秋晚期

全形拓最大縱横45.4×4.4釐米（兩面同）

銘文字數：十

《集成》著録編號：一一六三六

釋文

攻敔王夫差

自乍（作）其元用

院藏信息

全形拓，登録號01027.1.06，一頁，鈐印：文字之福、簠齋古兵、海濱病史

全形拓，登録號00971.1.01，一頁，鈐印：文字之福、簠齋古兵、海濱病史

附録

王元詛鍦

二行十字。每字有笵痕。

《山左志》舊釋以天用爲天水，固非，釋元調亦不審，瓦之非周矣。阮釋寶用，誤入漢。古鍦之制當以身之長短，上中下士以身言，非官也。此似東遷後物，若徐季子之子逞之鍦，余尚疑之。

似干首而無綴旄處。

攻（攻），敔當是國名地名。王元詛舊釋調，非。自乍（作）其（其）元（寶）用，舊釋天水，繆。

參見《簠齋金文題識》頁七〇

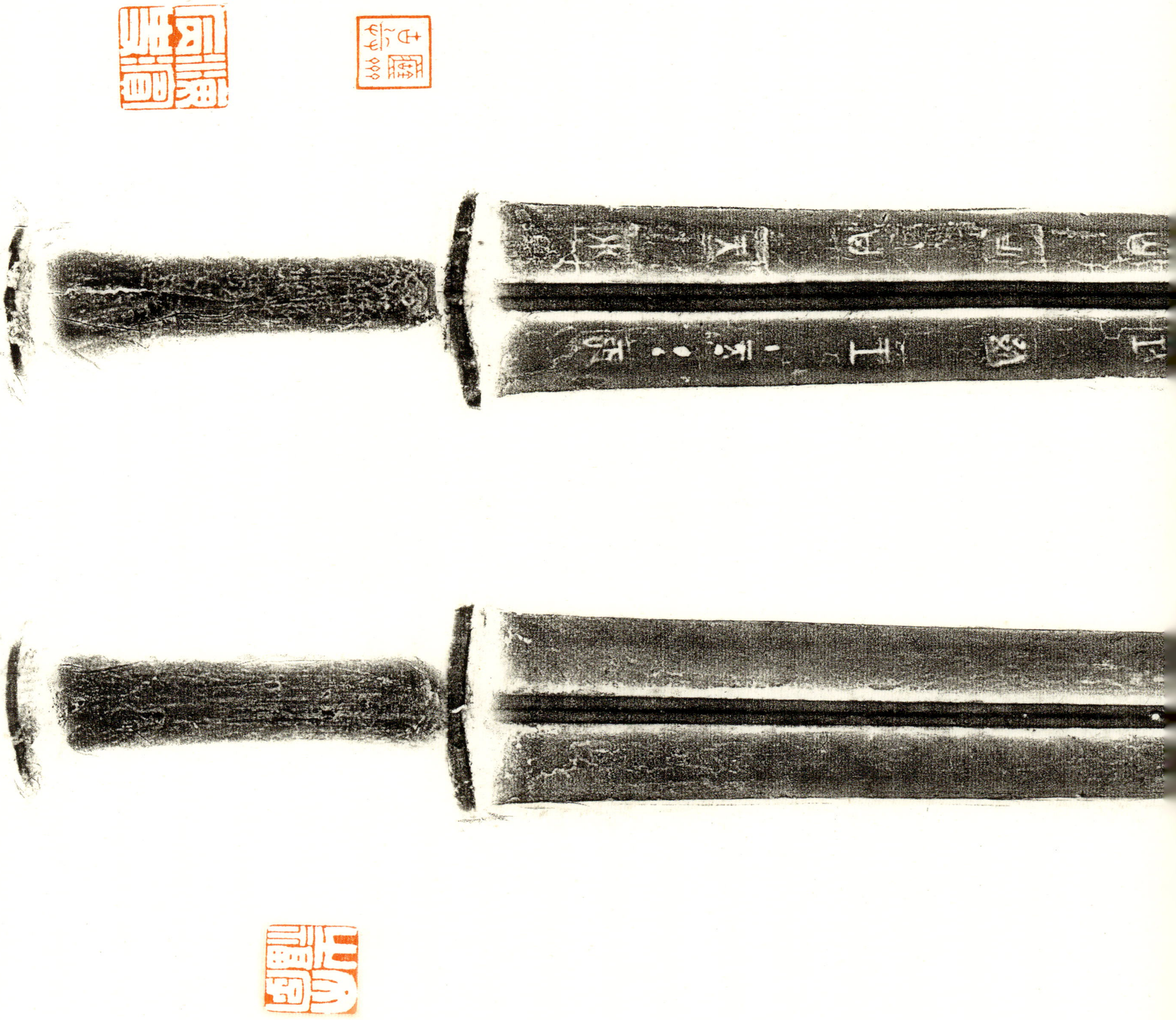

五〇

蔡侯劍（殘）01027.3.02

春秋晚期

全形拓最大縱橫0.57×0.33釐米（兩面同）

銘文字數：存二

《集成》著錄編號：一一六〇一

釋文

蔡侯□叔之用

（編者注：院藏拓本僅存「蔡」、「叔」二字。銘文右行）

院藏信息

全形拓，登録號01027.3.02，一頁，鈐印：簠齋古兵、齊東陶父

全形拓，登録號00971.1.03，一頁

附録

未或古篆鐱殘字

宋王復齋《款識》有董武鐘拓，薛書有琱戈、鉤帶、商鐘，余有古奇字編鐘，此似之。

參見《簠齋金文題識》頁七一

五一

高陽四劍

01027.1.05

春秋

全形拓最大縱横28.6×5.1釐米（兩面同）

銘文字數：三

釋文

高陽四

院藏信息

全形拓，登録號01027.1.05，一頁，鈐印：簠齋古兵、平生有三代文字之好

全形拓，登録號00971.1.02，一頁，鈐印：簠齋古兵、平生有三代文字之好

附録

高陽四鐱

三字。

今傳世者唯此是鐱，其有繫旄處者，皆干首也。徐季子之子者制爲干首，其曰鐱，則疑僞矣。鐱短而確是鐱。

唯此是真古鐱制而小。

古鐱有玉飾璏、珌、琫三者，此有璏，與玉者同。制小，或下士所用也。

鐱有文者少，此尤古於王元詬者而小。

高昜即揚，丅即丂也，三，四。

參見《簠齋金文題識》頁七一

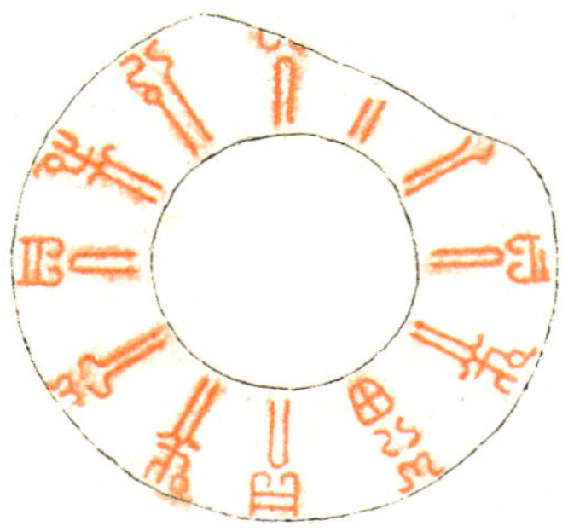

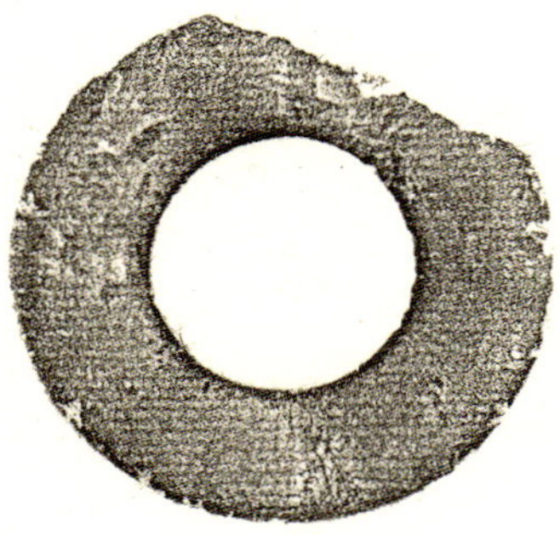

五二

越□劍（殘環）01027.3.05

戰國

全形拓最大徑4.2釐米

銘文字數：十二

《集成》著録編號：一一六五五

釋文

越□自越□自越□自越□自

（編者注：銘文環讀）

院藏信息

全形拓，登録號01027.3.05，一頁，鈐印：簠齋古兵

全形拓，登録號00971.1.04，一頁

附録

古金銀錯十二字鐱拊環殘字

《曲禮》進劍者左首，《正義》曰：首，劍拊環也。

參見《簠齋金文題識》頁七一

五三

五劍（殘）01027.1.45

戰國

全形拓最大縱橫24.9×5.6釐米（兩面同）

銘文字數：一

《集成》著録編號：一一五六九

釋文

五

院藏信息

全形拓，登録號01027.1.45，一頁，鈐印：簠齋古兵、平生有三代文字之好

全形拓，登録號00971.1.05，一頁，鈐印：簠齋古兵

附録

五字干首

陽識。

舊皆以干首爲鐱，不知干首柄中高如環，以繫旄處，不可握也。齊出干首多無字，余喜收之，僅得此有字者。

參見《簠齋金文題識》頁七二

五四

□字劍

01027.1.34

戰國

全形拓最大縱橫22.5×3.8釐米（兩面同）

銘文字數：一

釋文

□

院藏信息

全形拓，登録號01027.1.34，一頁，鈐印：簠齋古兵

全形拓，登録號00971.1.06，一頁，鈐印：簠齋古兵

附録

□字干首

陽識，有僞款。

此干首之小者。今之用兵，旗干之首如錐可刺，猶古意也。

□字見余藏父乙卯毁腹款，作□，爵文亦同此。□亦似字。

參見《簠齋金文題識》頁七二

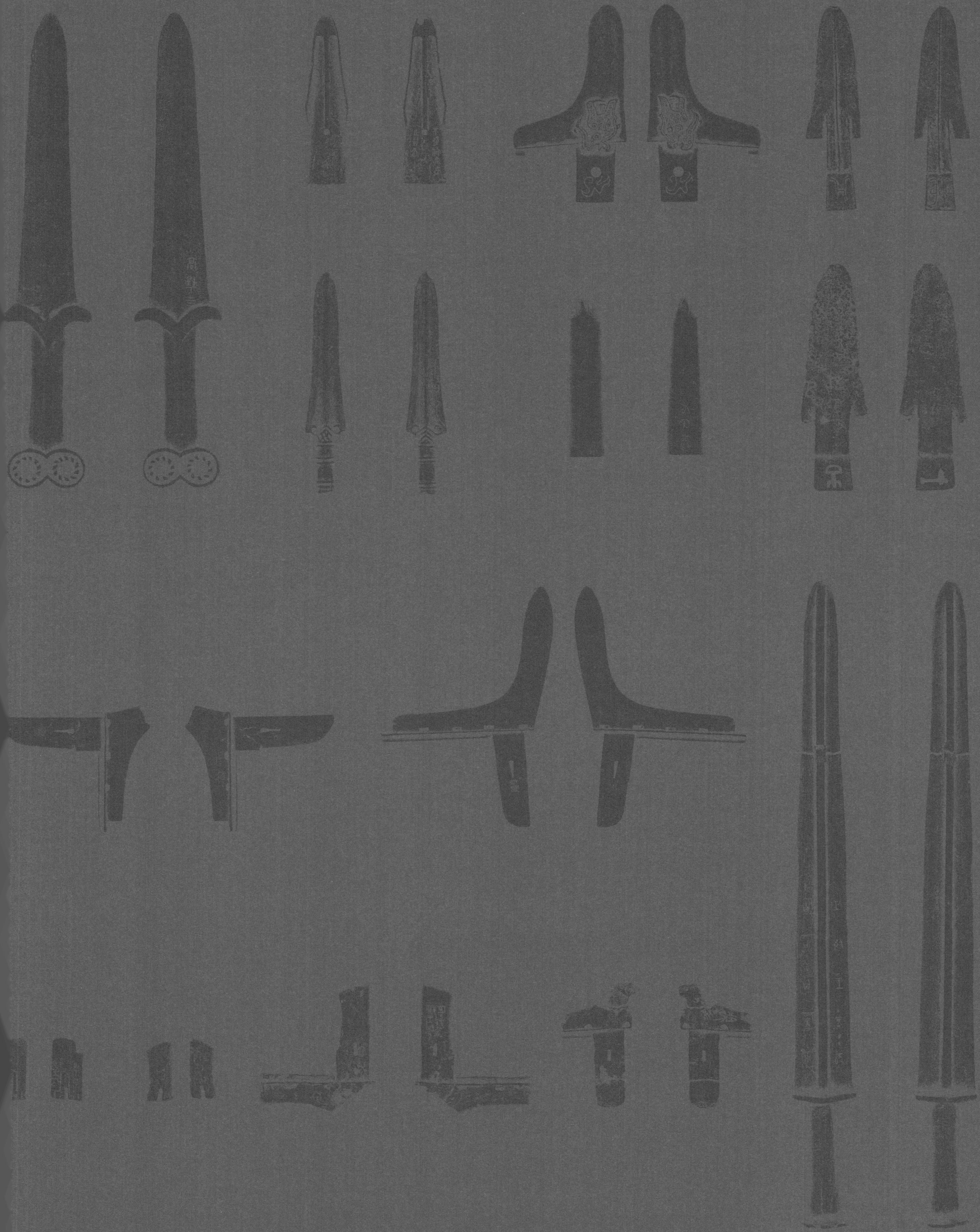

矛

郾王職矛／郾王職矛／郾王職矛（殘）／郾王矛（殘）／郾王職矛／不降矛／安平右矛／安平右矛／武敢矛／高奴矛／矛（殘）

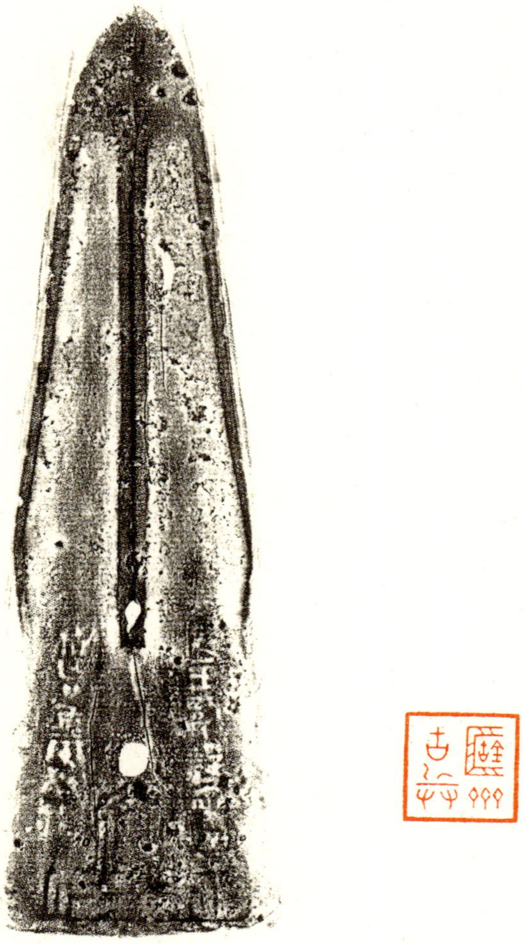

五五

郾王職矛

01027.1.31

戰國晚期

全形拓最大縱横12.9×3.3釐米（兩面同）

銘文字數：十二

《集成》著録編號：一一五二五

釋文

郾（燕）王職遳（殘）齍（齊）之

秐（穫—獲），台（以）爲雩萃釪（矛）。

（編者注：釋文參見劉釗《兵器銘文考釋（四則）》，《出土文獻與古文字研究》第二輯，二〇〇八年）

院藏信息

全形拓，登録號01027.1.31，一頁，鈐印：簠齋古兵

五六

郾王職矛

01027.1.30

戰國晚期

全形拓最大縱横14.5×3.5釐米（兩面同）

該器現藏：故宫博物院

銘文字數：七

《集成》著録編號：一一五二六

釋文

郾（燕）王職乍（作）

巨攼鈦

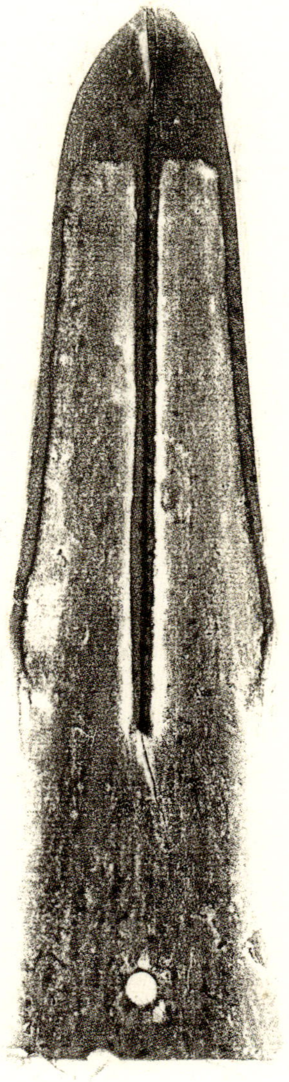

院藏信息

全形拓，登録號01027.1.30，一頁，鈐印：簠齋古兵

全形拓，登録號00971.1.52，一頁，鈐印：簠齋古兵、海濱病史

附録

郾王矛

七字。

匽即燕。

山左土物。

參見《簠齋金文題識》頁九二

五七

郾王職矛（殘）00971.1.54

戰國晚期

全形拓最大縱橫7.7×3.8釐米（兩面同）

銘文字數：存六

《集成》著録編號：一一五一五

釋文

郾（燕）王職

乍（作）敀釱

院藏信息

全形拓，登録號00971.1.54，一頁

附録

郾王殘矛

參見《簠齋金文題識》頁九二

五八

郾王矛（殘） 00971.1.55

戰國晚期

全形拓最大縱橫7.5×2.8釐米（有字面）、7×2.8釐米（無字面）

銘文字數：存三

《集成》著録編號：一一四七九

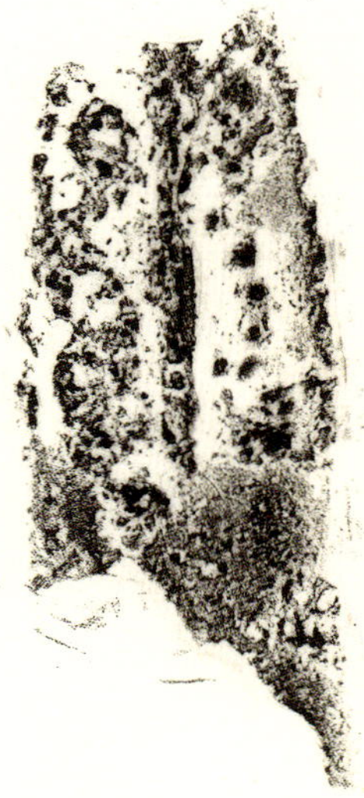

釋文

郾（燕）王戎

院藏信息

全形拓，登録號00971.1.55，一頁，鈐印：簠齋古兵

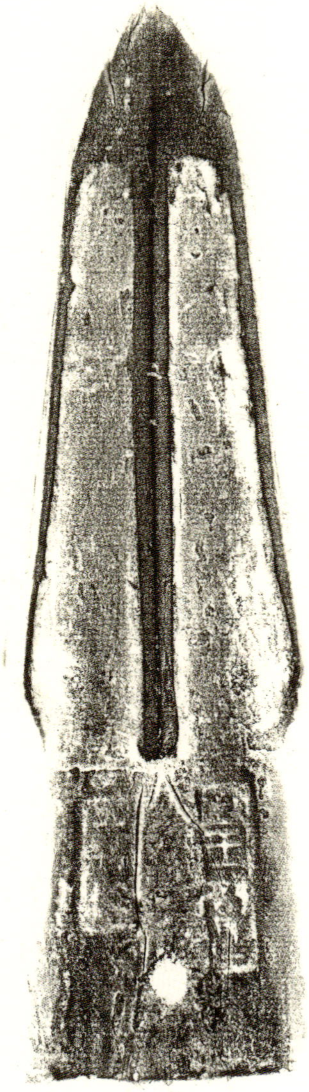

五九

郾王職矛

01027.1.41

戰國晚期

全形拓最大縱橫14.7×3.6釐米（兩面同）

銘文字數：存三

《集成》著録編號：一一四八〇

釋文

郾（燕）王職

□□

院藏信息

全形拓，登録號01027.1.41，一頁，鈐印：簠齋古兵

全形拓，登録號00971.1.53，一頁，鈐印：簠齋古兵

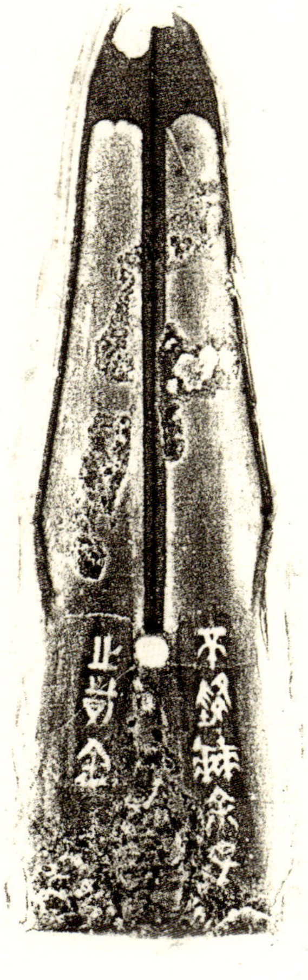

六〇 不降矛 01027.1.29

戰國

全形拓最大縱橫11.9×3.7釐米（兩面同）

銘文字數：八

《集成》著録編號：一一五四一

釋文

不降棘，余子之貲金。

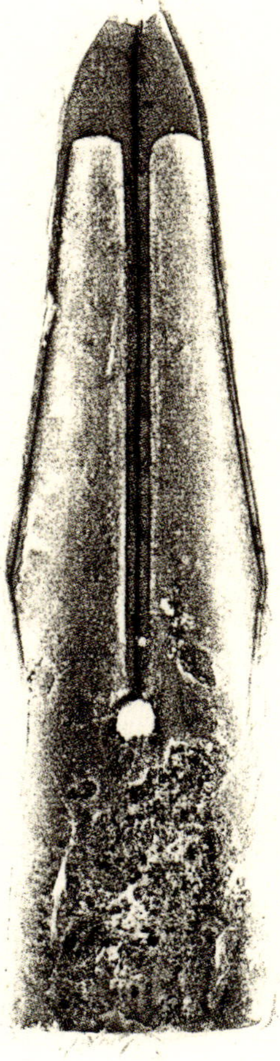

院藏信息

全形拓，登録號01027.1.29，一頁，鈐印：簠齋古兵、平生三代文字之好

全形拓，登録號00971.1.51，一頁，鈐印：簠齋古兵、平生三代文字之好

全形拓，登録號00995.5.23，一開

全形拓，登録號440238.4.32，一頁

附録

帝降矛

八字。

降下或是賚字。

山左土物。

參見《簠齋金文題識》頁九一至九二

六一

安平右矛 01027.1.14

戰國

全形拓最大縱横17.6×3.2釐米（兩面同）

銘文字數：三

《集成》著録編號：一一四八八

釋文

安平右

院藏信息

全形拓，登録號01027.1.14，一頁，鈐印：簠齋古兵

全形拓，登録號00971.1.58，一頁，鈐印：簠齋古兵

六二

安平右矛 01027.1.27

戰國

全形拓最大縱橫16.9×3.8釐米（兩面同）

銘文字數：三

《集成》著録編號：一一四八九

釋文

安平右

院藏信息

全形拓，登録號01027.1.27，一頁，鈐印：簠齋古兵

全形拓，登録號00971.57，一頁，鈐印：簠齋古兵

附録

四字。

山左土物。

參見《簠齋金文題識》頁九二

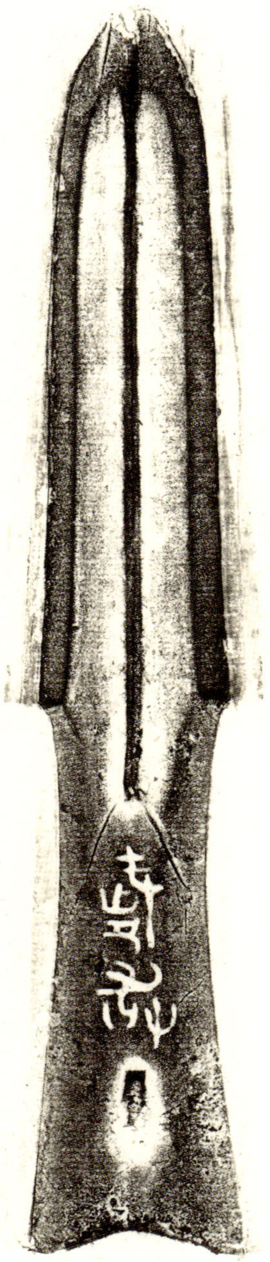

六三

武敢矛

01027.1.20

戰國

全形拓最大縱横17.2×2.8釐米（兩面同）

銘文字數：二

《集成》著録編號：一一四六九

釋文

武敢

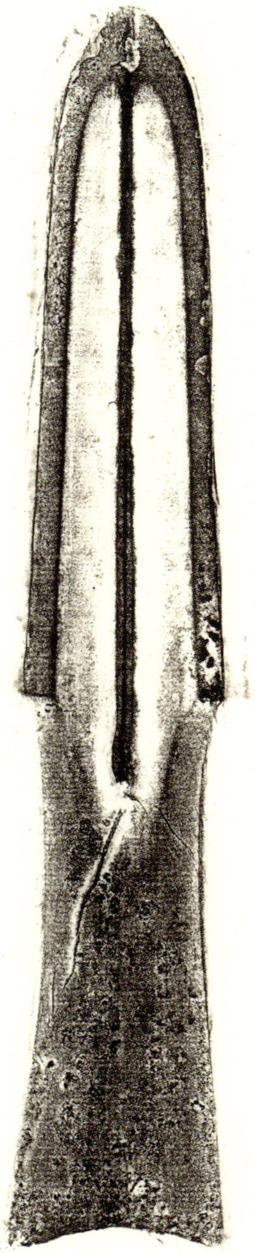

院藏信息

全形拓，登録號01027.1.20，一頁，鈐印：簠齋古兵

全形拓，登録號00971.1.59，一頁，鈐印：簠齋古兵

附録

武敢矛

三字。

武下作[illegible]，即丑，⿰禾丑之省也。⿰禾丑見《説文》。

參見《簠齋金文題識》頁九三

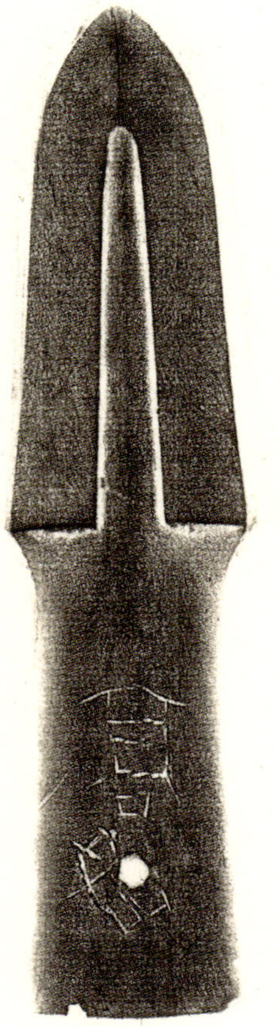

六四

高奴矛 01027.1.32

戰國

全形拓最大縱橫11.6×2.6釐米（兩面同）

銘文字數：二

《集成》著録編號：一一四七三

釋文

高奴

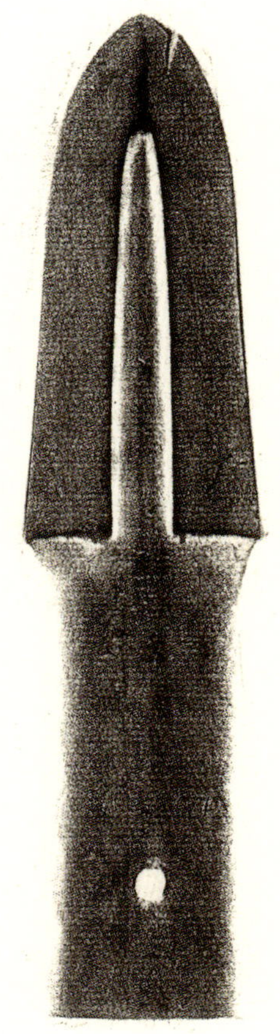

院藏信息

全形拓，登録號01027.1.32，一頁，鈐印：簠齋古兵

全形拓，登録號00971.1.60，一頁，鈐印：簠齋古兵

附録

高奴矛

二字。

器精如新。

秦楚之際，項籍以董翳爲翟王，都高奴，葛洪曰：今延川金明縣。

出關中。

參見《簠齋金文題識》頁九三

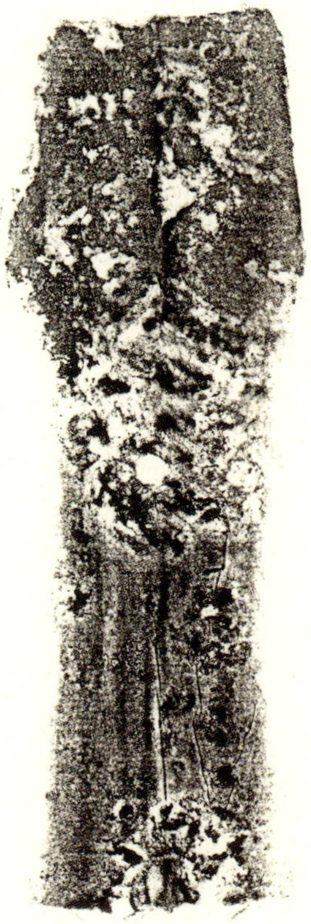

六五

矛（殘）01027.1.43

全形拓最大縱横10.5×3.3釐米（兩面同）

院藏信息

全形拓，登録號01027.1.43，一頁，鈐印：簠齋古兵

全形拓，登録號00971.1.56，一頁，鈐印：簠齋古兵、簠齋山左土物

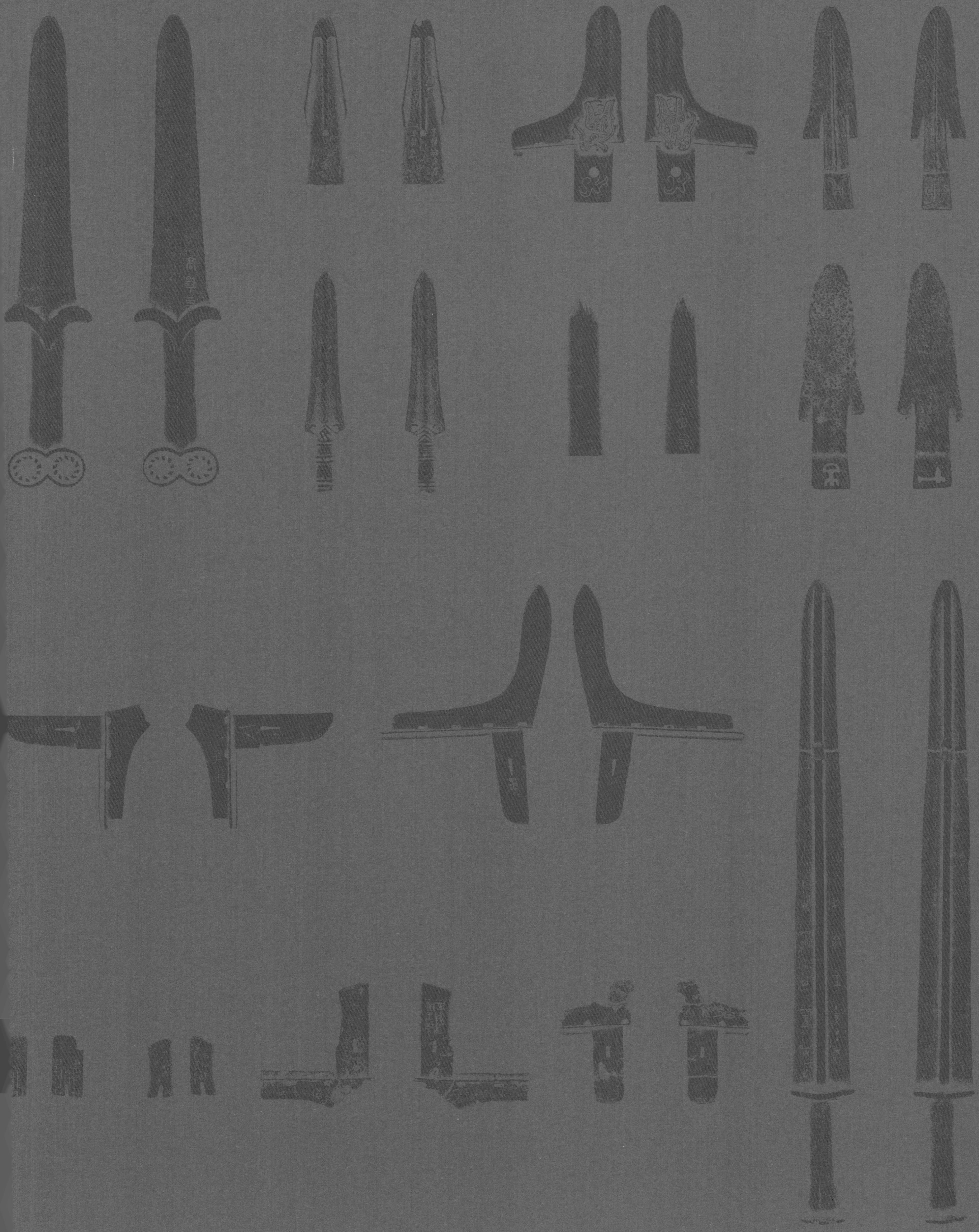

鐏

右内造鐏（殘）

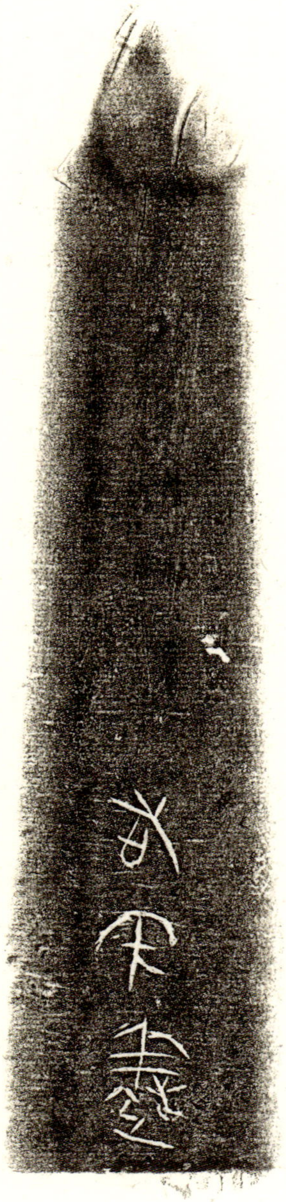

六六

右内造鐏（殘）01027.1.42

全形拓最大縱横16×3.5釐米（兩面同）
銘文字數：存三
《集成》著録編號：一一九〇八

釋文

右内造
（編者注：釋文據《商周金文資料通鑒》電子版一八五四四校）

院藏信息

全形拓，登録號01027.1.42，一頁，鈐印：簠齋古兵
全形拓，登録號00971.161，一頁，鈐印：簠齋古兵
全形拓，登録號44238.4.33，一頁

附録

右内造鐏
三字。
《曲禮》進戈者前其鐏，進矛戟者前其鐓。註：鋭底曰鐏，平底曰鐓，此末鋭，自是鐏。
參見《簠齋金文題識》頁九四

附録

陳進藏《十鐘山房藏古目》

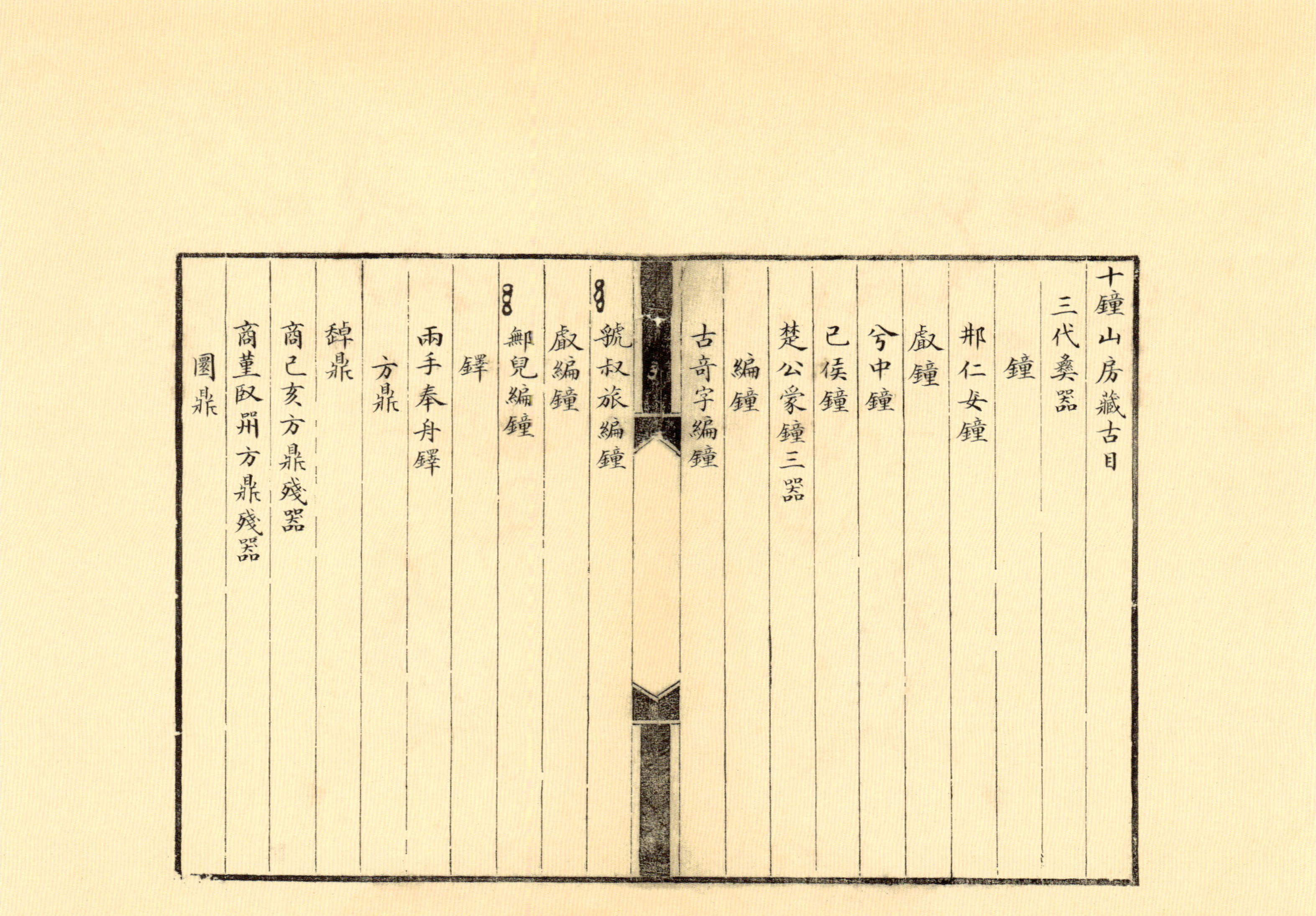

十鐘山房藏古目

三代彝器

鐘

邦仁安鐘

𢾅鐘

兮中鐘

己侯鐘

楚公冢鐘三器

編鐘

古奇字編鐘

虢叔旅編鐘

𢾅編鐘

郳兒編鐘

鐸

兩手奉舟鐸

方鼎

𨧫鼎

商己亥方鼎殘器

商堇臤𦊔方鼎殘器

圜鼎

周毛公厝鼎
周器侯馭方鼎
商天君鼎
商鼎字鼎
董伯鼎
伯魚鼎
杞伯敏父鼎
陳侯鼎
犀伯魚父鼎
鄭君斁鼎
甚鼎
衺鼎
子鼎
伯鼎
旁肇鼎
𩏂鼎
𦕢姝鼎
商字鼎蓋
梁上官鼎
犧尊

亞中此犧尊
丕犧尊蓋
尊
𨪒尊
囲文旁尊
傳尊
應公尊
員父尊
魚尊
子祖辛足跡形尊
繐兩角形子父己尊
卣
效卣
盄仲狂卣器
伯寰卣
豚卣器
矢伯雞父卣
析子孫父乙卣
罒父辛祖己卣
析子孫父丁卣

子孫父癸卣残器
祖癸卣残器
舟万父丁卣器
壺
中伯壺蓋
罍
欽罍
鉼
緻悆君鉼
斝
亞虎父丁斝
𦣻乙斝
觚
天子班觚
手薦血形父丁觚残器
父乙子豕形觚
祖戊觚
叔觚
八觚
觶

母甲觶
周垣重屋祖己觶
父丁吉田觶
[illegible]子作父丁觶
子魚父丁觶
子孫父己觶
聿貝父辛觶
舉父己觶
子父庚觶
亞中子形父乙觶
毛觶
舉祖戊觶
舉祖丙觶
癸觶
子執柯提卣父癸觶
子立刀形觶
角
宰椃角
父乙彖角
父乙陵册角

觥
敔闞觥
爵
盉爵
䖒爵
祖辛爵
癸叜爵
二龍奉中父癸爵
兩手奉中爵
父己析子孫爵

父戊舟爵二器
子在褓子執干形爵
立瞿中冎爵
子壬乙辛爵
曲祖癸爵
祖乙爵
祖辛爵
山丁爵
子丁爵
丁舉爵

乙

作乙公爵
手執節手執中爵
𢀛父戊爵
子孫爵
父甲爵
子冎父乙爵
𠀉作父乙爵
旂單父丙爵
魚父丙爵
㑹父丁爵

子八父丁爵
父丁舉爵
父丁爵三器
𡈼父戊爵
舉父己爵
子負主父庚爵
亯父辛爵
𠃬父辛爵
二足蹈矩父癸爵
子提卣父癸爵

2

手執爵形父癸爵
雙爵形父癸爵
爵形父癸爵
爵集木父癸爵
饕餮爵三器
鵜爵
魚爵
舉爵三器
子爵
妝爵

四耳敦
聃敦器
敦
頌敦蓋
君夫敦蓋
函皇父敦
栗敦
師害敦二器
豐兮尸敦
小子師敦器

商祖庚乃孫敦器
格伯敦
城虢遣生作敦器
妝句母敦器
伯開敦殘器
己侯敦
不昔敦器
伯喬父敦器
中敦器
僉父乙卯敦器

伯魚敦
伯魚敦殘器
商臤父癸敦
商子戊敦器
商癸山敦器
商廟形重屋敦器
雙鳳集木敦器
錞即敦附
陳侯因資敦器
盤

夏饕餮盤 光姖
兮田盤 有手錄釋文題字
齊太僕歸父盤殘器 各手題
中盤 手題釋文𣛧鉐
商㲃虎盤 各題
陵子盤 各手題
夔父盤
匜
商㲃虎匜 各手題
陳子子匜 各手題
王𣪘員孟姜匜
甬皇父匜
周𡩜匜 各題字
穌甫人匜 各手題
黄中匜
𦉜
齊太公子和子𦉜
陳猶𦉜 各題字 二區各手釋
鍨
齊左關鍨

鬲
艾伯鬲
鄭燕伯鬲
郳伯鬲
簠
曾伯霥簠
鄦子𣄰簠
鄀公諴簠
虢叔簠
簋
遲簋
甗
龔妊甗殘器
伯貞甗殘器
盉
商立瞿子執干形盉
商父辛盉蓋
和 附
史孔和器
鋈

右里鋬二器

鐱

王元詞鐱

高揚四鐱

叔尨鐱

古金銀錯十二字鐱拊環

干首

五字干首

㚇干首

瞿

夏彡瞿

商瞿鉞形瞿

商叵工瞿

商虎文立刀瞿

戈

商梁伯戈

商奇字龍首戈

二年羣子戈

卅二年戈

四年邗戈柲

十八年戈柲

大嚣戈

秦子戈

宋元公戈

歐王戈

歐王戈柲三器

郃戹造戈金二化戈

平陽高馳里戟戈

高密造戈

羊子戈

命趙將口善戈柲

𠱾𠂤歸戈

作𣸣右戈

封斤徒戈

蒚戠口戈

子𡢁子造戈

長畫戈

周右軍戈柲

鄭武軍戣戈柲

陳

陳麗子穴造鈛戈
徭止八字戈
陳右造鈛戈
平阿右戈
平陸左戈
陳豢邑戈
子𦣻子戟
皇邑左戈
右濯作戈
𠈌𤈦戈

右邦戈
𦣻字戈
白新戈柲
㚟戈
𡋣戈
陳簌戈
吾宜戈
龍文古戈
雷文古戈
矛

帝降矛二
戣王矛三
㕦八川右矛二
武般矛
鐏
右午羲鐏
銅器
豐亨銅器二
周金鋪
周距末

秦器
權
秦始皇詔銅版錢權
權版
秦始皇詔錢權銅版
秦始皇詔二世詔錢權銅版
量
秦始皇詔二世詔銅量
量版
秦始皇詔木量銅版

秦二世詔木量殘銅版
秦二世詔木量銅版三
度版
秦始皇詔殘銅版
瓦量
秦始皇詔瓦量二十五
戈
秦不韋詔事戈
矛
高奴矛

漢器
鼎
雲陽鼎
犛車宫鼎
美陽共厨金鼎
杜共鼎蓋
上林鼎
乘輿十湅銅鼎
臨菑鼎
廢丘鼎蓋

菑川金鼎
陽周倉金鼎
安成家銅鼎
口口鼎
鍑
漁陽郡考文廟銅甂鍑
鐕
漁孝廟鐕
鍾
新莽中尚方鍾

東漢陳彤鍾
扶侯鍾
鍪
十六年鍪
熏鑪
陽泉使者舍熏鑪
鴈足鐙
綏和銅鴈足鐙
高鐙
萬歲宫鐙

臨虞宮鐙
步高宮鐙
燭豆
土軍侯燭豆
錠
曲成家銅錠
行鐙
桂宮前浴行鐙
池陽宮行鐙
開封行鐙
日上鐙
行鐙槃
未央宮尚浴府乘輿行燭槃
飯幘
新莽常樂衛士飯幘
壺
富貴壺
金刀
膠東食官金刀
銅器

尚方故治八千万銅器
完字銅器
千金氏銅器
大者千萬家銅器二
權
新莽建八兩圜權
長宜子孫小權
車銅
前右上廣車銅
在廩下車銅
大吉利車銅二
蓧調
青陽畢少郎蓧調
刀圭
大郎刀圭
洗
董氏器洗
董氏作洗
吉羊洗
吉羊殘洗

嚴氏造吉羊形洗

吉羊富貴洗字

陳富貴昌洗字 雙魚

富貴昌宜刀雙魚洗

富貴昌宜侯王洗字

君宜子孫也雙魚洗

君宜子孫雙魚洗 二

長宜子孫雙魚洗

又一 文同字異

大吉羊雙魚洗

匳

晋太康匳

銅牌

西夏銅牌

弩鐖

永元六年十万工造四石鐖郭

元初二年賞邉口八石鐖郭

元初二年殘鐖郭

永和二年五月書言府四石鐖

永壽二年正月己卯詔書四石鐖

京兆官弩弩牙

太僕鐖

河内工官第六十十二兩鐖

河内工官百八口三口鐖鍵

河内工官千六百廿六兩鐖

河内工官二千九十兩鐖

南陽工官鐖 二

館陶郭小鐖

河東馮久鐖

河東李游鐖

大吉弩

魏正始二年左尚方鐖

正始五年十二月廿日左尚方造步弩鐖郭

何氏小鐖

邵贇陳宗鐖郭

遅秀調祝元釦弩牙